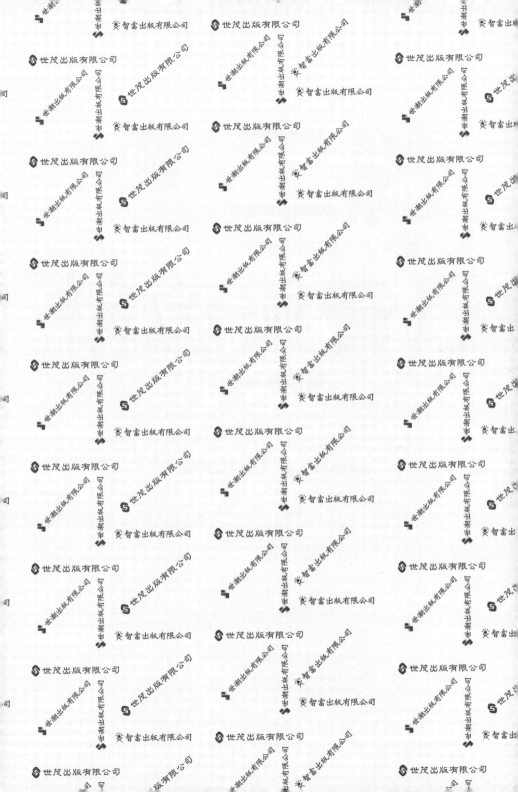

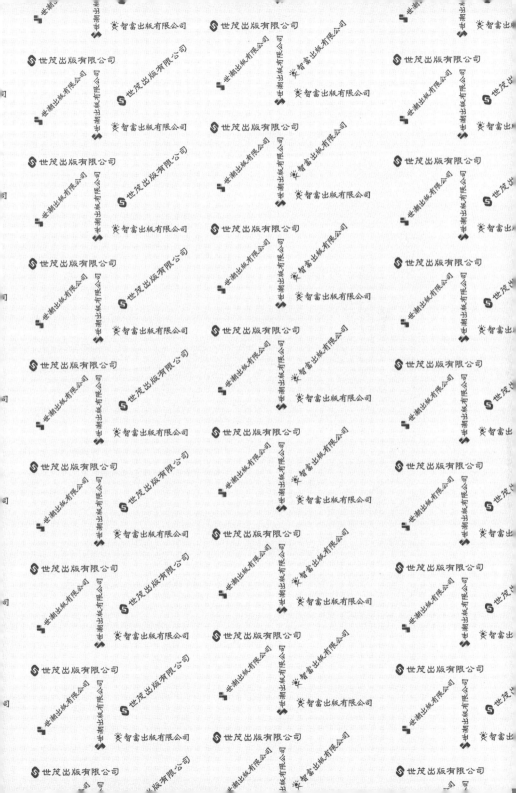

圖解 工廠 構造與管理

<イラスト図解>工場のしくみ

【全新修訂版】

松林光男、渡部弘◎著

審定◎林彥旭　譯者◎蕭志強

前言

一聽到「工廠」你腦海中會浮現什麼樣的印象？是髒兮兮的小工廠，開放給觀光客參觀的製酒工廠，還是裡面有許多機器人或機械臂進行汽車組裝、半導體製造的現代化工廠？

大部分人都有一種觀念，認為工廠就是危險、骯髒與勞累的代名詞，因此年輕人找工作多希望避開工廠，但事實上，近來許多工廠已改為全自動化、清潔、安全又現代化，但有些工廠內部狀況視為企業機密，一般人不太有機會接觸，因而無法了解在現代化工廠進行生產工作，其實是很自豪的實際感受。

我們日常生活使用的絕大多數物品，都是在各種工廠生產的，如果沒有工廠，很多生活必需品都無法取得。從這樣的角度看，可說每個人都和製造業息息相關，並不為過。

但一般大眾對於工廠（製造業）的實際狀況非常不了解，即使在工廠上班的人，也多只了解自己的部門與機器，對工廠整體狀況沒有清晰概念。不僅如此，甚至有些人即使從事服務業，服務對象就是在工廠工作的人，同樣也對顧客的工作及需求一知半解。

所以，本書撰寫目的在於，希望讓一般人更了解工廠，也讓想求職或找工廠（老闆或員工）做生意的人，都能因此更了解工廠，從而找到更好的工作，或者做生意更有效率。

當然，也許有人會質疑本書的價值，認為「工業時代已經成過去式，將來是服務業獨領風騷的時代。工業早就該讓給開發中國家，我們應致力於發展服務業」，但事實真的如此嗎？

確實，先進國家的工廠與就業人口都在持續減少，反而商業與服務業吸納更多就業人口。但即便表面上看起來逐漸走向「去工業化」，但像台灣這樣沒有資源的國家，許多食品與工業原料得繼續仰賴進口，如果沒辦法做東西賣給外國，貿易入超就會非常嚴重。

總之，無論如何，某種程度還是需要強大的製造業。唯有製造競爭力夠，才能賺取足夠的外匯，避免入超。所以，即便製造業從業人口減少，還是必須提高生產效率的方式，維持必要的出口金額。既然製造業不可或缺，那麼其工作場所，也就是工廠，想必一定很重要。

過去是重視大量生產與大量消費的時代，工廠只要進行快又多的生產即可。但工業升級之後，如果不能提高毛利，工廠就無法生存；也就是，唯有針對顧客需求提供客製化的產品，否則，便無法製造更高利基、附加價值更高的產品。為了達成目的，工廠生產架構與組織，必須進行必要的調整與改變。

特別是經濟全球化發展造成激烈價格競爭，國內工業界面臨愈來愈多國際挑戰，為了維持合理利潤，許多工廠被迫把生產線移到生產成本較低的國家，或者委外代工，想盡辦法降低成本。

企業與工廠生存的關鍵在於是否能得到足夠的利潤。經濟全球化的洪流衝擊之下，利潤低的企業無法得到資金挹注與生存機會。同樣的，工廠經營必須持續加強效率，產品升級，才能立於不敗之地。

不僅如此，時代進步，工業生產愈來愈重視環境保護以及產品安全性的問題。不僅消費者挑剔，更出現各種國際性規範。這些都可能衝擊企業經營，沒辦法適應改變的就可能倒閉。

總之，與工業生產、工廠經營有關的問題層面非常廣，但基本上各國還是得維持足夠的工業生產競爭力，也就是製造業仍將是經濟發展重要支柱之一。在此前提之下，本書希望提供讀者簡單有效了解工廠經營與運作狀況的方法，讓更多人了解工廠。如果本書能讓大眾親近工廠、知道各種工廠在做什麼，那就是執筆者的最大喜悅。

松林光男
渡部　弘

目錄

第1章 工廠概要介紹

第2章 前進工廠！ 實地了解產品製造過程

第4章 工廠整體的架構

第5章 工廠各部門人員的一天

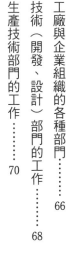

第6章 開發與設計部門的架構流程

第7章 生產管理的架構

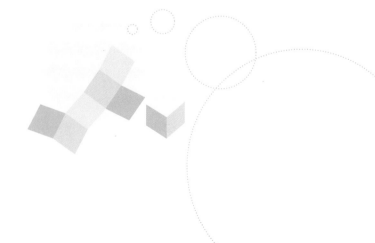

第10章 品質管理的架構

第11章 自動化與資訊科技的運用

第12章 工廠的未來

第1章 工廠概要介紹

1-1 工廠是提高物品附加價值的地方

既然使用地球有限的資源生產，工廠就不能赤字經營。

什麼是附加價值？

有人說做菜像變魔術。確實，原本沒辦法入口的食材，經過廚師巧手烹調就能變成美味佳餚。

關鍵在於加工過程。天然食材無法下肚，所以人類想出各種調理方法，讓原本沒辦法吃的變成可以吃，不可口的變成可口。這就像鐵礦石無法耕田，但加工做成鋤頭與犁具，就可用來耕種一樣。

所以，將各種材料加工，變成人類可以使用的型態，就是製造業的主要任務（餐廳一般歸類為服務業，其中廚師烹調仍屬「製造業」）。

有些製造業採取一貫作業方法，例如陶瓷器工廠能在一座工廠之內，從素材（黏土）到最終製品（餐具）一口氣完成。但大部分製造業採取分工合作方式。例如，有些工廠專門把小麥磨成麵粉，有些用甘蔗做成砂糖，有些則負責後段的餅乾製作。

換言之，不同工廠分工合作之下，小麥變成麵粉，甘蔗變成砂糖，再加上其他原料，終於做成可口的餅乾。過程中相關工廠扮演的角色，最主要就是讓各種材料「增加附加價值」。

以餅乾製造為例，麵粉比小麥貴，餅乾又比麵粉貴。因此，客戶付錢給食品廠商所購買的，主要就是製造過程產生的附加價值，生產相關費用支出還在其次。

開工廠當然就是為了賺錢

既然工廠的生存價值在於能否創造更多附加價值，工廠經營者當然就得想辦法提高創造附加價值的效率，才能賺更多的錢。

只可惜，有些工廠經營了半天，卻出現虧損。其背後意義是，社會大眾把珍貴的人力、原料與資金交給工廠經營，卻不能有效率地生產對社會大眾生活有幫助的產品。

經營虧損的工廠，就是在浪費珍貴的人力、物力以及資金。

經營工廠無論如何必須想辦法賺錢。只有賺錢才能證明這家工廠對社會有用，具有存在價值。反之，經營虧損便會變成社會的負擔與損失。

所以，工廠必須進行各種有效的管理。雖然工廠最根本的重點是擁有製造技術，但管理也很重要。若不能有效管理，就很容易虧損。

將素材改變成更有用的形式

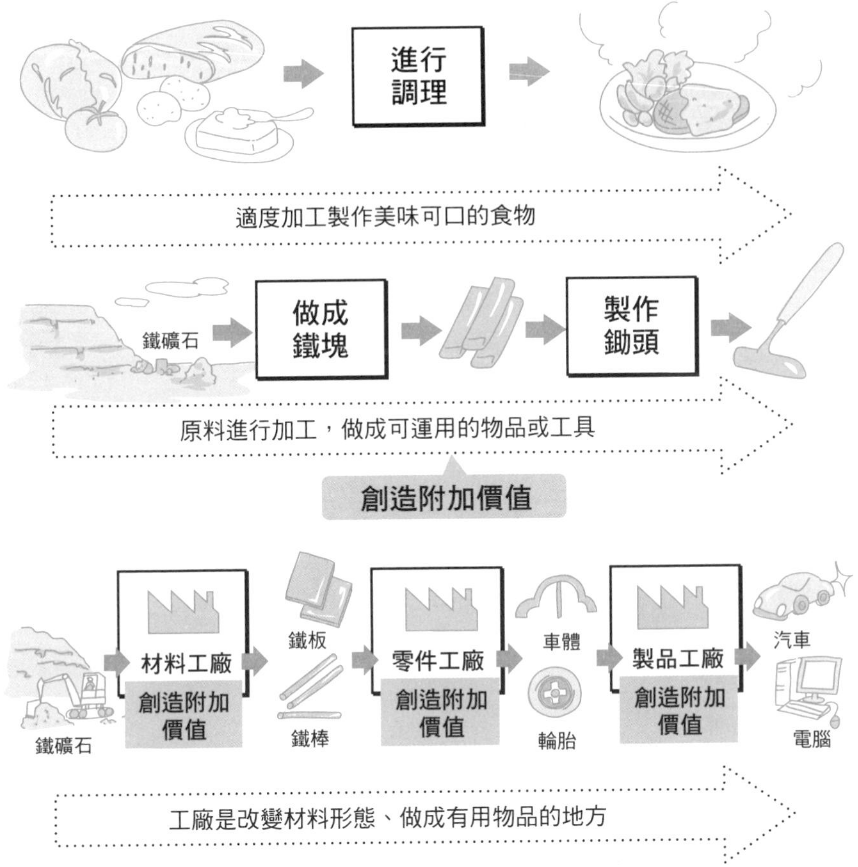

有效管理將在第5章之後詳細說明，簡單講就是所謂的「QCD管理」，即品質、成本、交貨（Quality, Cost, Delivery）管理。

品質（Q）管理不只不可有瑕疵，更重要的是必須符合客戶的要求。成本（C）管理，重點在於降低成本，創造更多利潤。交貨（D）則是有效率、精確地控制生產量，準時交貨。

然而最後一項常被忽略，事實上，即便是Q與C俱佳，若聖誕節蛋糕做得便宜又好吃，但拖延到十二月二十六日才交貨給客人，貨品價值就會大打折扣。

1-2 製造業分類與架構

進行製造業分類可以更了解產業架構。你將發現有些工廠做的是一般人不太熟悉的產品。

日本製造業的工廠，根據二〇〇一年統計，員工在五人以上的約三十三萬家。加上員工四人以下，個人經營的製造業工廠，則達到六十五萬家，一年產值大約是一百兆日圓（約一兆美金、三十兆台幣）。

到二〇〇七年，四人以上有約二十六萬家。到二〇一七年約十九萬多家。（資料來源：日本經濟產業省）

製造業的分類

有些製造業是生產消費者熟悉的最終產品，這類公司一般人比較容易了解。有些製造業專門提供生產成品的材料；還有一些工廠負責生產某些生產設備，稱為「設備廠商」，這類企業一般消費者就比較陌生。

日本政府在統計上，原本將製造業劃分為二十三個業種，後來再進一步分為二十四類。舉例說明如下。

● 電氣機械器具

代表廠商為家電廠，所占比例最大。產品包含電腦、通訊產品、照明器具、發電機等。半導體製造也屬於這類。

● 交通工具機械器具

代表產業為汽車製造業。另外還包含造船業、航空機產業、鐵道車輛以及腳踏車製造廠等。

● 一般機械器具（泛用）

工程機械與農業牽引機、工作機械、事務用機器、紡織機以及其他產業機器的生產廠商。

● 金屬製品

生產螺絲與螺帽，以及建設用金屬材料、罐頭、刀具、陶瓷器、鑄造物等廠商。

● 精密機械器具製造廠

醫療機器、光學機器（相機等）、量測儀器等的製造廠。

組裝型與加工型

由左頁圖我們可發現，早期曾是主力產業的纖維製造業，廠商數目與產值都已經大幅降低，被歸到「其他」類。

圖表中灰色區塊一般又稱為「組裝型」產業。生產過程主要是集合各種零組件進行加工與組裝，汽車與家電業是其中最典型代表。

相較組裝型的產業是「加工型」產業。主要是利用化學變化改造材

日本二十三類製造業出貨金額比較圖

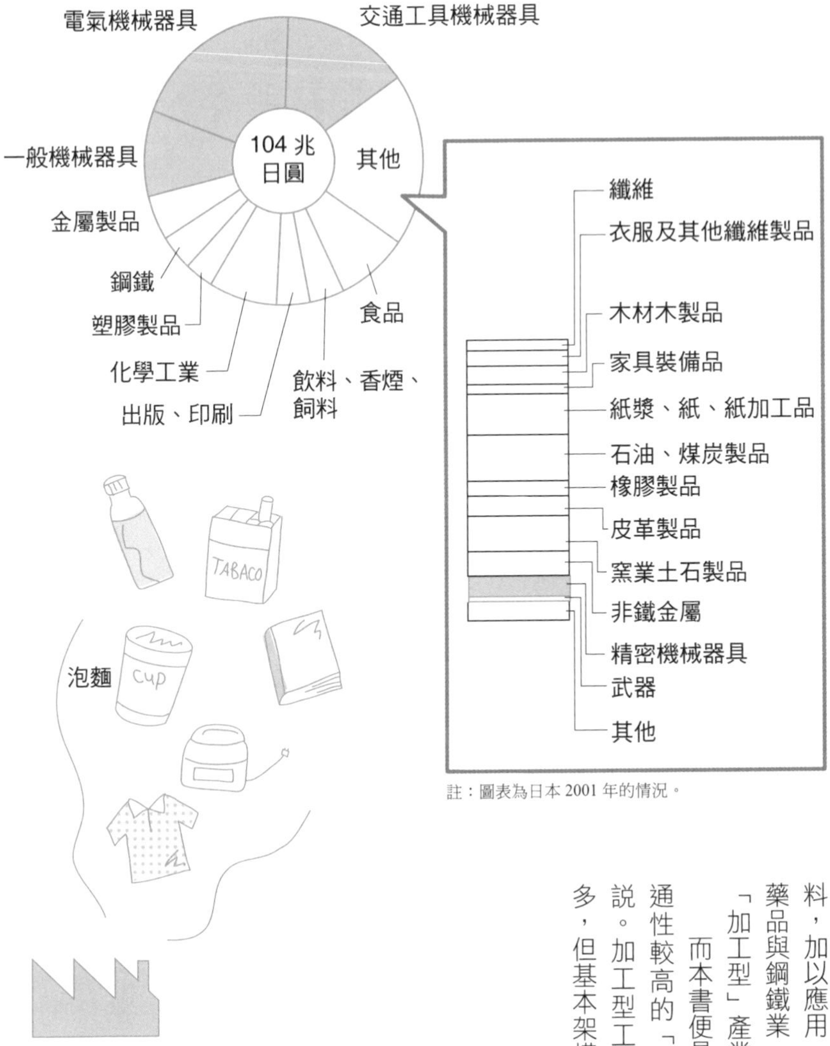

註：圖表為日本 2001 年的情況。

料，加以應用，最典型有石油化學、藥品與鋼鐵業。基本上食品業也屬於「加工型」產業。

　而本書便是主要針對工廠架構共通性較高的「組裝型」工廠進行解說。加工型工廠就構造而言變化更多，但基本架構仍與組裝型相同。

1-3

人們的生活與工廠息息相關

缺乏天然資源的台灣，必須依賴製造業賺取足夠外匯，改善民眾生活。

台灣和日本一樣缺乏平原與礦產，絕大多數能源（石油與天然氣）、工業原料（鐵礦石等）乃至於農產品都得進口。不進口這些原材料，我們就沒辦法生活。至於賺錢支付進口物資價金的方法，主要便是製造業。

日本製造業占其國內總生產值與雇用人數的比重，約二〇％（參照左頁圓圖表）。和十年前的二五％相比，比重有逐漸降低趨勢。

日本有五分之一人口從事製造業，這樣的比重已經不小。但畢竟逐漸朝商業化社會發展，特別是服務業所占比重愈來愈高。

製造業是賺外匯的主要工具

有人說，日本已漸漸變成「去工業化社會」，或者進入「服務業經濟化」階段，製造業遲早得結束階段性任務，退出舞台。

但事實不然。就日本的國際支出而言，製造業仍是不可或缺角色。

即便是這幾年，日本一年進口金額四十兆日圓，出口還是多了十兆日圓，也就是五十兆日圓。而出口的產品絕大多數是工業產品。

雖然近年來包括漫畫、動畫在內等非製造業，海外收入與海外投資收益持續增加，但服務業領域的國際收支，目前仍為每年五兆日圓赤字。另一方面，日本企業在海外投資創造的收益，也只有十一兆日圓左右，單單靠這部分，還是不足以支付進口所需。

所以，目前製造業仍是日本最重要的產業。即便雇用人口已經不是第一名，但就維持國際收支平衡而言，製造業仍貢獻最大。

事實上，服務業並依賴製造業，例如，電力、運輸、通訊、金融、保險與廣告業務等，有很大比例的客人，就是製造業的廠商或員工。

而且，以製造業為客戶的服務業，因為專門性較高，可以得到更高的附加價值（利潤），所以說「服務業靠製造業吃飯」並不為過。

工廠使人民更富裕

過去有一段時期，國內工廠不斷外移，許多人擔心製造業會空洞化。但這幾年許多高科技工廠與公司成立，製造業才又恢復盛況。

工廠（製造業）的角色與功能

- 雇用人口 1,200 萬人，占就業人口五分之一
- 總產值為 104 兆日圓（國民總產值為 507 兆日圓）
- 創造外匯的主要工具
- 支撐商業與服務業蓬勃發展
- 提高國民所得
- 生產許多新式的日常用品

註：2001 年的統計。

日本製造業的定位

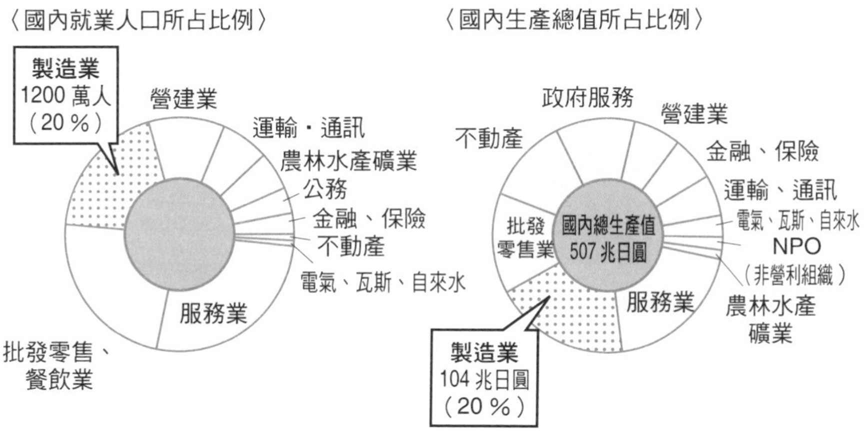

高科技行業擁有更高利潤，廠商與從業人員便能得到更多報酬。所以製造業進行投資，對提高國民生產總值的貢獻，不可小覷。

而製造業透過技術革新，更能提升生活品質。例如早期SONY的隨身聽與CD，讓人民擁有豐富音樂環境，也改變某些人的音樂接觸習慣。近年來更有許多輕薄短小但功能齊全的手機、液晶電視、數位相機、DVD與MP3等產品，讓我們生活更多彩多姿。

全球許多民眾使用的現代化科技產品都是發明或改進技術、生產的結果。這方面確實是國內製造業強項所在。

1-4

工廠內部的主要作業流程

工廠內有不同部門。各部門之間必須協調合作，發揮整體功能。

工廠最主要部分是製造產品的現場，也就是左圖中間寫著「製造」的部分。這裡除了安裝生產工具，還有作業員進行加工或生產製造。

製造時使用的材料或零組件，必須對外採購，這部分工作就是左圖的「採購」。

加工組裝型的工廠，材料費有時占生產成本六到八成。所以，如果廠商能取得更便宜材料與零組件，就可提高利潤。

若材料與零組件採購動作太慢，就會讓生產機器閒置，而且浪費人力。因此，採購對於工廠的毛利率有很大影響。

工廠生產的物品要銷售出去，才能成為公司的營業額。而這部分就是圖右側「銷售」的工作。

但前提必須有訂單進來，否則製造現場便「無事可做」。所以，銷售部門也是公司經營非常關鍵的部分。

由上可知，工廠經營主要流程為「採購」→「製造」→「銷售」。

愈來愈重要的「開發、設計」

另外圖中還有一個重要作業流程，那就是「開發、設計」→「製造」縱向流程。必須有人持續開發、設計更好更新的產品，再交由製造部門進行生產、銷售部門把產品賣出去，公司才能賺錢。

許多現代時尚產品，流行週期愈來愈短，廠商必須不斷推出新產品，才能吸引客戶青睞。

所以，「開發、設計」的重要性愈來愈高。

對製造業而言，與廉價進口商品對抗的最好方法就是，進行產品升級。如此開發與設計能力便更加重要，甚至可說是企業存亡關鍵。

開發與設計部門提供的情報（製品式樣、生產方法等），不只對製造部門有用，採購、銷售乃至於維修時也可派上用場。

工廠的兩個主要管理架構

前述縱向與橫向兩個流程可說是工廠經營主要架構，工廠經營者必須隨時檢視這兩個部分運作是否順暢、有沒有缺點，必要時加以修正。而判斷是否需要改進的根據則是品質、成本與財務狀況。

工廠內部的主要作業流程

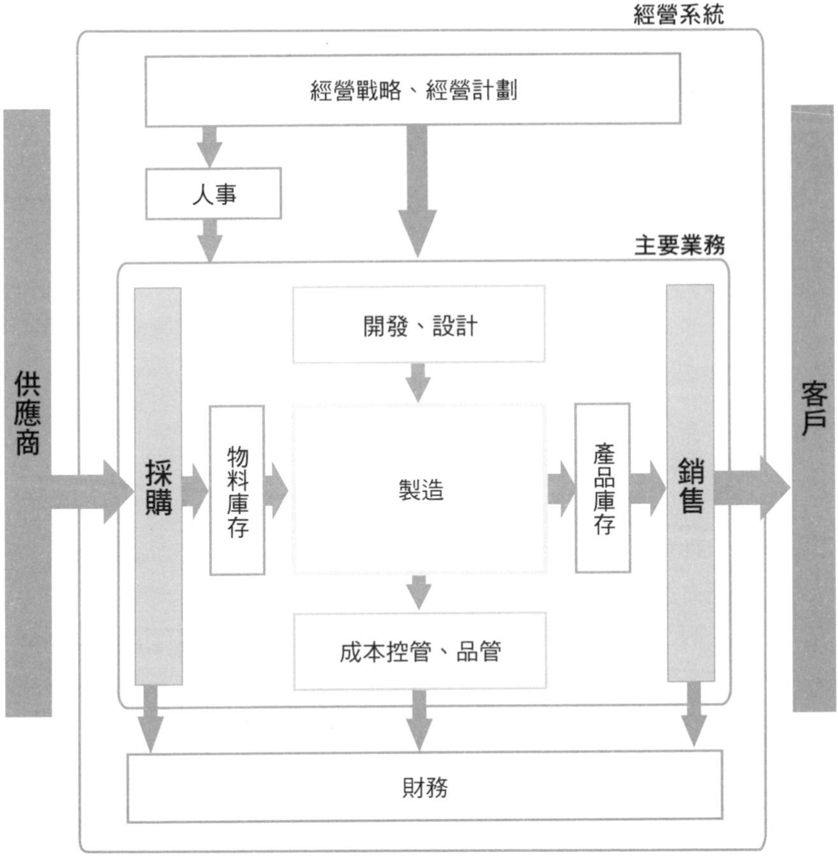

品管與成本控管部門的主要工作是，掌握製造活動的實際數據，據此檢查產品的品質與成本是否符合要求，若發現有問題就對負責者發出警告。

財務部門則負責整理經營績效，向股東與稅務機關提出報告。

最後，圖上方的「經營戰略、經營計劃」部門，負責了解環境市場變化、擬定工廠未來經營方向。

至於「人事部門」，則負責確保足夠質量與數量的員工，並且想辦法提升員工士氣，維護其安全與健康。

此外，有些公司還有設備保全與建立情報系統的部門。

Column 1

如何在速度與品質間取得平衡？

對人們來說，做事愈快愈好。相反的，慢吞吞的人常受到責怪。但就工廠經營而言，一味地追求快速未必划算，因為忙中有錯，欲速則不達。

例如，匆忙趕工以最快速度交貨，若品質不合標準，反而容易被客戶抱怨甚至退貨，倒不如穩穩地做，先顧好品質再追求速度。

當然，也有一些情況是動作實在太慢，來不及交貨導致客戶蒙受損失。這當然也不是好的做法。

所以，「速度」與「品質」何者比較重要，企業界可能有不同看法，必須針對個案一一判斷，沒有統一標準。

事實上，企業經營顧問大多建議以「增加工作速度」為主。因為他們認為，企業經營最重視競爭力，動作慢就會被別人超越。畢竟企業經營必須不斷修正方針，反正先往前跑再說，發現缺點或錯誤，隨時修正即可。

舉例來說，某大型汽車製造廠欲開發新款車種，急需協力廠商供應零組件。於是，該汽車大廠找來三家零組件供應商，希望能在一定期限內提出試用產品。

到了預定交貨期，三家之中只有兩家交貨，另一家來不及。雖然，隔天這家供貨商也把貨送來，但已經無法獲得汽車製造廠青睞，因而失去龐大商機。

這是業界流行的思考，也就是「速度至上」。以美國戴爾電腦以及日本大和運輸等為例，可說都是因為講求速度，才能在短短幾年內業績大幅成長。企業經營環環相扣，所以任何環節拖延速度就會造成整體進度落後。

（松林光男）

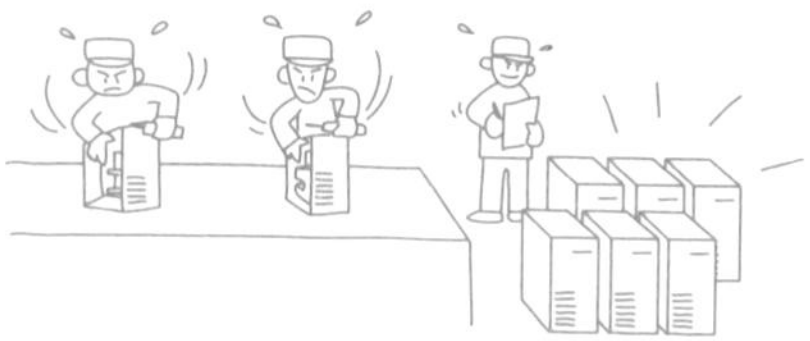

第2章

前進工廠！實地了解產品製造過程

2-1 大型工廠與小型工廠

大型工廠占全國總工廠數約一%，銷貨量卻占五〇%。

大型工廠與小型工廠的特色

日本全國約有六十五萬家工廠，根據內閣總務省「事業所・企業統計調查」資料，員工超過三百人的「大型工廠」，只占整體的一%左右。這些大型工廠主要從事汽車、電視機、電腦等組裝工作，或者大量生產鐵、石油等原材料。

不過，儘管大型工廠在數目方面只占一%，銷貨總額卻占整體五〇%左右。

相對的，占全國工廠九九%的「小型工廠」，主要產品是供應前述大型工廠的零組件與工具。換言之，小型工廠多半是大型工廠的上游供應商，提供少量但多樣的零組件與原料。

如左頁圖所示，員工十人以下的小型工廠占全國工廠總數超過七成，產值相對卻非常少。

大小工廠的關係

以汽車產業為例，大工廠與小工廠關係大體如下。

一輛汽車包含車體、引擎、門、底座、擋風玻璃、反射鏡、輪胎等等，總共達約兩萬個零組件。這麼多的零組件，汽車廠當然不可能全部自己生產，因此必須「外包」。

以豐田與日產等大型車廠為例，如次頁下圖所示，大部分的「一次性部件」都得外包，拿到外包的廠商，經常還會把其中的「二次性部件」與「三次性部件」轉包給其他工廠。像這樣，汽車組裝廠和「一次性部件供應商」、「二次性部件供應商」及「三次性部件供應商」，建立類似金字塔的零組件供應鏈架構。換句話說，這是一種「垂直分工」構造。就工廠規模而言，汽車組裝廠與一次性部件製造廠多半屬於大型工廠，負責完成品或零組件組裝。

二次性部件廠商與三次性部件廠商，則多都屬於小型工廠，主要針對下游大廠需求，提供車床加工、鍍金、板金、切削加工、鑄鍛造等服務與產品。在此金字塔供應鏈之下，上游零組件供應商常會被下游也就是汽車製造廠或一次性部件廠商要求降價。因此，就小型供應商或零組件製造廠而言，降低成本經常是最大壓力來源。

工廠從業員數別的比例

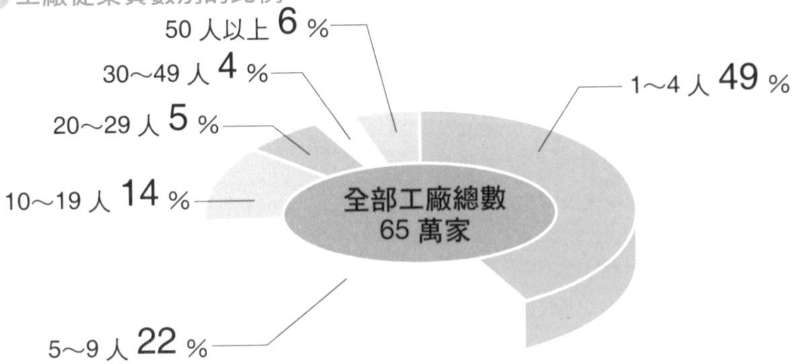

50人以上 6%
30～49人 4%
20～29人 5%
10～19人 14%
5～9人 22%
1～4人 49%
全部工廠總數
65萬家

工廠規模別所顯示的生產內容

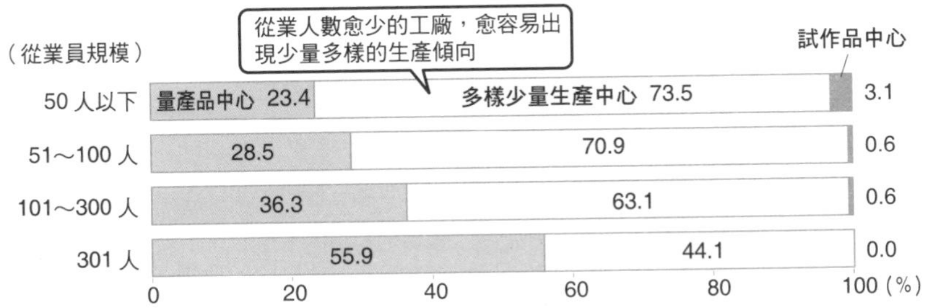

從業人數愈少的工廠，愈容易出現少量多樣的生產傾向
（從業員規模）
試作品中心
50人以下
量產品中心 23.4
多樣少量生產中心 73.5
3.1
51～100人
28.5
70.9
0.6
101～300人
36.3
63.1
0.6
301人
55.9
44.1
0.0
0
20
40
60
80
100（%）

汽車產業的分工構造

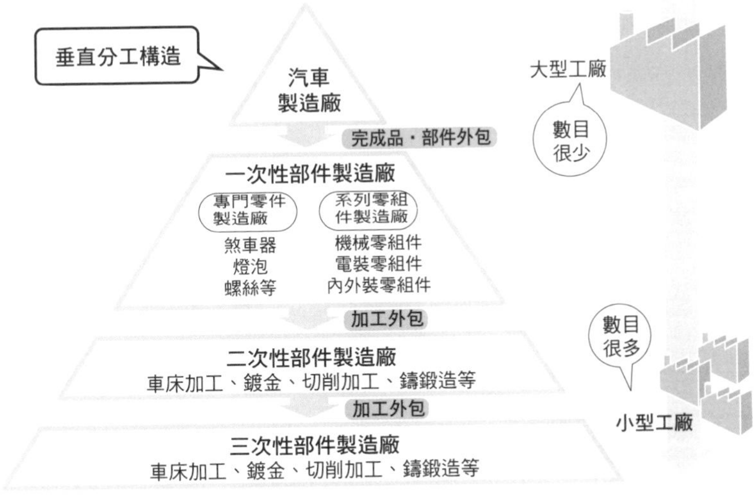

垂直分工構造
汽車製造廠
完成品・部件外包
一次性部件製造廠
專門零件製造廠
煞車器
燈泡
螺絲等
系列零組件製造廠
機械零組件
電裝零組件
內外裝零組件
加工外包
二次性部件製造廠
車床加工、鍍金、切削加工、鑄鍛造等
加工外包
三次性部件製造廠
車床加工、鍍金、切削加工、鑄鍛造等
大型工廠
數目很少
數目很多
小型工廠

2-2

鋼鐵的製造方法

鋼鐵的製造過程主要有兩項工程，第一項是從鐵礦石中抽取鐵砂，加以熔解進行製鐵工程。其次，熔解的鐵依照客戶需求進行調整與加工，進行「製鋼工程」。

1 燒結

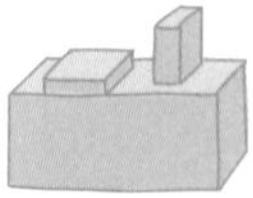

燒結工程主要是將打成粉狀的鐵礦石進行高溫燃燒、熔解，做成「燒結礦」。
如果直接把鐵礦石丟進高爐，容易阻礙爐內由下往上的環流氣體流動，破壞加熱熔解的流暢性，因此必須混合石灰石，燒製成一定大小。

2 焦煤

製造焦煤的工程，主要是在高爐內部蒸燒煤炭，製造焦煤。
焦煤在高爐內部具有三種功能。首先是利用碳元素將鐵礦石還原，取出鐵的成分。其次，焦煤可確保高爐內部有足夠還原氣體與熔解的鐵。第三，焦煤成為熔解鐵礦石與石灰石的熱源。

這是製造銑鐵（從鐵礦石直接製造的鐵）工程。主要原料為鐵礦石、煤炭與石灰石三種。
製銑工程主要有三大部分，也就燒結、焦煤與高爐（熔礦爐）。
高爐完成熔解的鐵稱為「熔銑」（銑鐵），但要把熔銑取出來，卻必須先進行燒結與焦煤的工程。

A•製銑工程

※以上相關工程參照新日本製鐵官方網站做法。

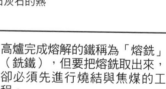

B・製鋼工程

3 高爐

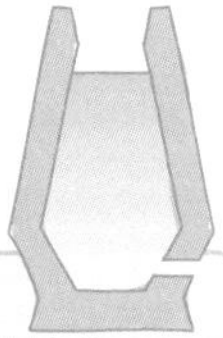

交互地將燒結礦與焦煤放入高爐。
把 1200℃的熱風吹入爐內，讓燒結礦還原，製造銑鐵。
現在的高爐基本上都運用高科技，高效能與高效率的設備。
高爐做成的銑鐵利用魚雷車搬運，進行下一步製鋼工程。

魚雷車

4 熔銑預備處理

除去銑鐵所含磷與硫等不純物質。

5 轉爐

製鋼

放入經過預備處理的銑鐵與鐵渣，然後吹進氧氣去除碳素，加入合金就可進行合金調整。

6 二次精煉

為了製造高級鋼材，還必須除去鋼片內部的氫、氧與不純物等物質。

7 連續鑄造

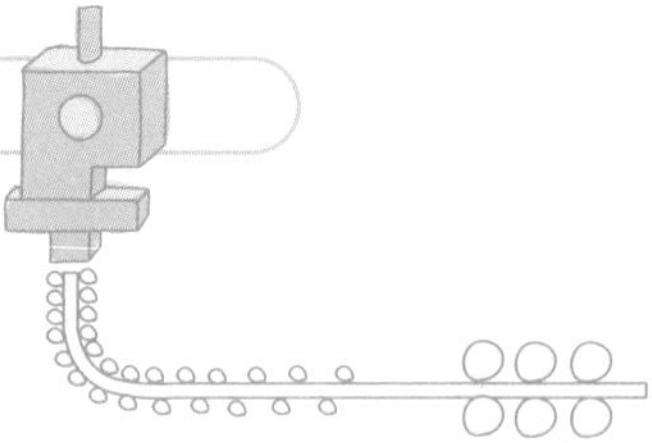

把調整成分之後熔解的鋼，連續性地做成某種厚度的鋼片。

中間素材

配合接下來的製造工程做成適當的形狀

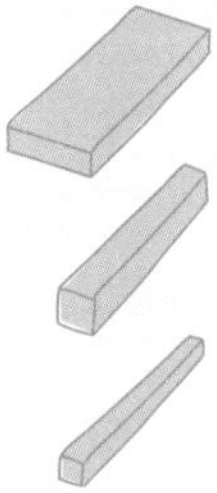

鋼板
→板製品用

型鋼
→型鋼製品用

鋼胚
→線材製品用

製銑工程做好的銑鐵經過熔銑預備處理與轉爐（鐵精煉所使用、可迴轉的爐）、二次精煉（把不必要的物質分離出去）以及連續鑄造四項工程就可做成符合品質要求的鋼品。做成的中間素材，可配合用途做成不同形狀，主要有鋼板、型鋼與鋼胚三種。

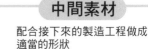

2-3

液晶面板的製造方法

液晶面板的基本工程有三項，首先是製造兩塊基板，然後在兩塊基板之間灌入液晶，最後是在外側貼上偏光板的液晶室化工程。

TFT・LCD製造流程

1 TFT 陣列（薄膜半導體配列）製造工程

在厚度 1.1 公分的玻璃基板中製造真空薄膜，利用與底片顯影相同的原理，在一片基板上形成數萬個半導體。
若有灰塵混入就會形成不良品，所以這部分工作必須在無塵室進行。

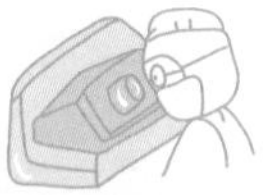

TFT基板側

進料洗淨

前洗淨

成膜

塗抹光阻

曝光・顯像

蝕刻

光阻剝離

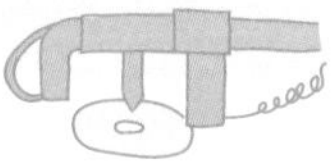

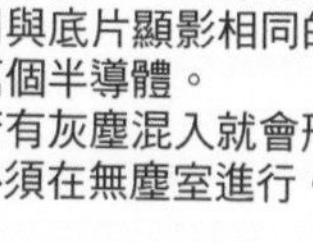

2 CF（彩色濾光片）基板製造工程

在玻璃基板上利用底片顯像原理形成紅、綠、藍三種顏色，並在彩色濾光片上形成電極。

CF基板側

進料洗淨

電極形成

配向處理

封裝印刷

※以上相關工程參照日本卡西歐公司官方網站做成。

液晶面板的原理與構造

液晶具有施加電壓就會導致分子改變排列方式（方向）的特性。具體地講，若讓一定方向的光通過液晶，在沒有施加電壓狀態下，光會以九十度轉彎的方式前進；施加電壓則會讓光直線前進。

利用這項特性，使用能讓特定方向光線通過的偏光板、液晶以及透明電極，就可針對光的通過或遮斷，進行有效控制。

應用這樣的原理，液晶面板在不同地方施加電壓或不施加電壓，就可造成文字與符號的顯示。

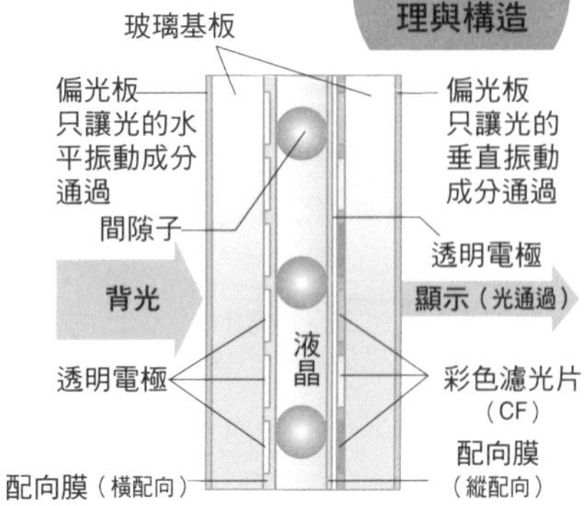

4 液晶室化工程

貼上基板的液晶室內側充分減壓，就可藉由與大氣壓的氣壓差，將液晶注入液晶室內。接下來用環氧樹脂等材料將注入孔封起來。

最後，黏上偏光板與反射板，液晶室就完成。

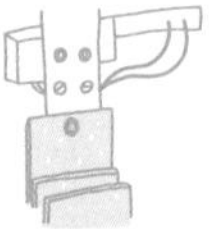

進行裂片

注入液晶

貼上偏光板

檢查

5 液晶面板工程

然後安裝驅動 IC 與背光源，就可完成液晶面板。

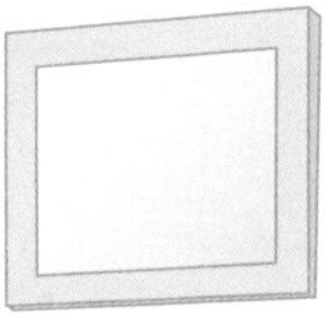

3 LCD（液晶顯示裝置）工程

為了讓液晶分子進行配列，必須塗抹配向膜材料，然後做一個溝，這項處理在 1、2 工程做成的兩片基板上進行。

為了讓 1、2 的基板黏合，必須在基板上印刷封裝材料。

接下來，為了讓液晶能移動，必須灑布間隙子，然後貼上基板。黏貼時將封裝材從 30 微米到 5 微米為止，分數次壓緊後進行。

之後還必須將封裝材熱硬化。

灑布間隙子

黏上玻璃

2-4

液壓挖土機的製造方法

液壓挖土機進行組裝時，必須先用不同的生產線將上部旋轉機身，下部行走體以及懸臂・支臂（作業裝置）組裝完成，然後進行這三大部分的同期組合，完成挖土機。

旋轉機身
鋼板與鑄鋼熔接之後做成旋轉機身骨架。

安裝控制閥
旋轉機身上安裝液壓控制閥。

安裝引擎散熱水箱
引擎與散熱水箱先各自組裝完成，再裝到旋轉機身上面。

安裝機身蓋
安裝旋轉機身蓋。

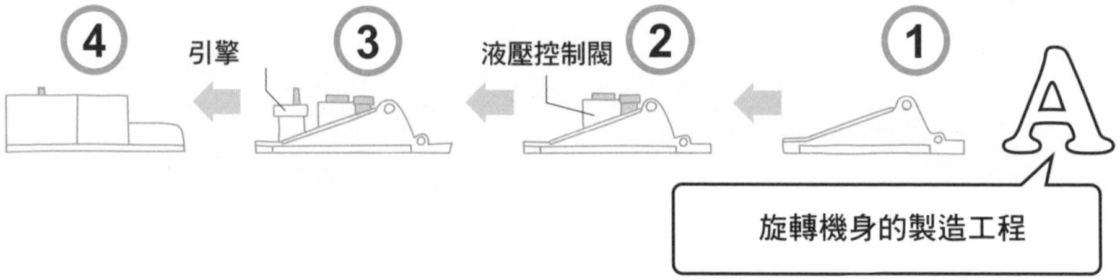

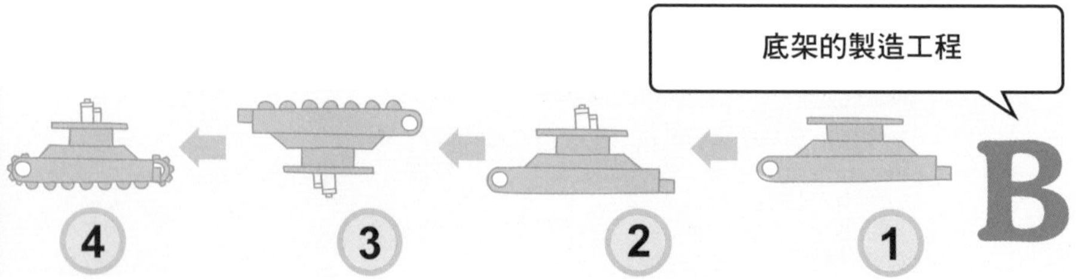

底架（車架）
除了支撐旋轉機身，構造上必須能吸收履帶走動造成的衝擊。

安裝旋轉盤
為了讓旋轉機身 360 度旋轉，必須安裝旋轉盤與驅動裝置。

安裝滾軸
讓車架整個翻過來，就可安裝滾軸。由上而下進行安裝與鎖緊工作，作業較方便，工作品質也比較好。

安裝主傳動軸
安裝液壓馬達、減速機閥與鏈輪等所構成、一體化的主傳動軸。

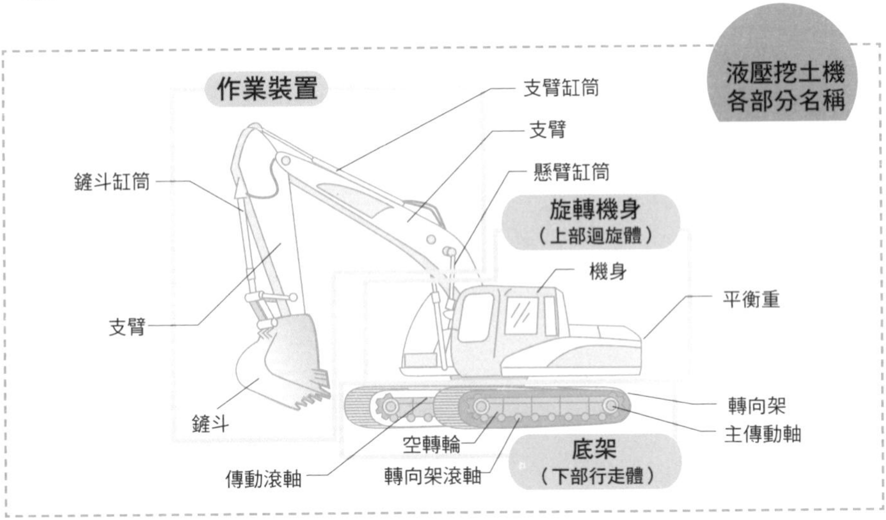

1 旋轉機身與底架的組裝
旋轉機身與底架進行上下結合。早期還必須動用起重機，兩個人才能操作，但現在已經自動化。

2 安裝履帶
用專門的機器安裝履帶。不過，也有些挖土機不使用履帶式而使用輪胎式。

3 安裝懸臂支臂
為了讓挖土機具備輕量化與高強度優點，通常全面使用高張力鋼，箱形構造內部也放進補強鋼板。

4 安裝機身
內藏駕駛座的大型工廠零組件安裝上去。

5 完成、檢查
組裝完成後，必須針對「性能」、「運轉」、「安全」、「品質」等進行檢查。

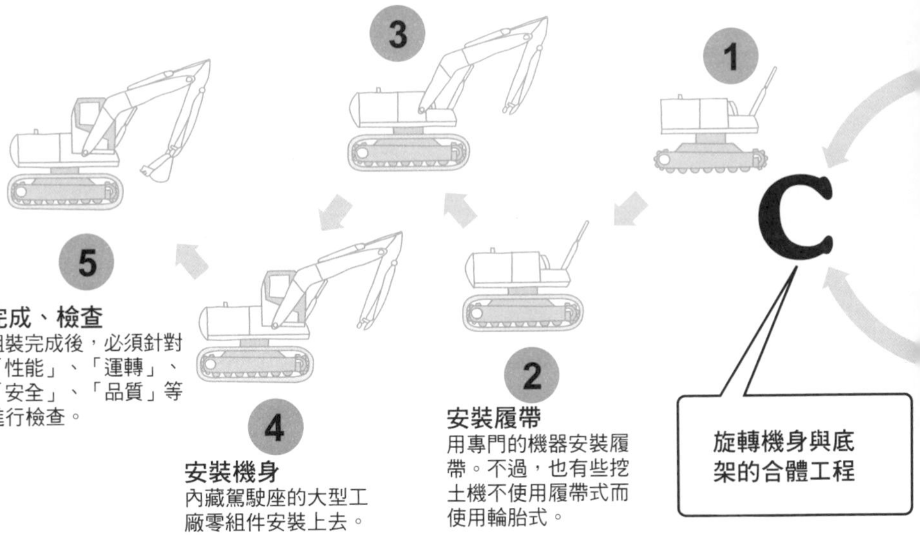

※工程參照三菱重機公司官方網站做成。

2-5

泡麵的製造方法

泡麵為什麼要做成波浪形狀，從製作工程即可了解原因。簡單講，這樣做可以讓麵沖泡時間縮短。

1 攪拌麵粉

用攪拌器將水、食鹽、鹼水、麵粉充分攪拌。適度攪拌能讓麵粉產生黏度。

2 壓平

攪拌完畢的麵團通過兩條滾輪之間，壓成扁平的麵帶。壓平的過程可讓麵帶更具彈性。

3 壓薄

將原本厚度約 10 公釐的麵帶用滾輪壓薄成 1 公釐左右。兩根一組的滾輪超過四組，逐漸將麵團壓薄。壓薄過程中，麵帶內部會形成各種「網目」，韌度進一步提高。

4 切出

麵帶送進切出機，就可切成細長形的麵條。也可使用波浪形的切出機，切出波浪形的麵條。波浪形麵條更有嚼勁，麵條與麵條也比較不會黏在一起，沖泡速度更快。

5 蒸熟

讓麵條經過蒸熟機，內部所含澱粉將更能被胃部消化，麵質也更加強化、更有嚼勁。

6 切形

用切割刀將麵條切割出一客的分量，分別放進圓形（做成杯麵）或四角形（做成袋麵）的框框中。

7 油炸

為了方便長期保存以及縮短沖泡時間，將麵條油炸後烘乾。

8 冷卻

用吹風機吹送冷風，讓熱騰騰的麵條快速冷卻（自然冷卻所需放置時間長，麵條會吸收空氣中的水分軟掉）。

湯汁的製造工程

①原料的前段處理
膏狀或液狀的原料使之乾燥，切碎成粉末狀。

②預備混合
調味包使用的食材以及調味料應先各自混合與攪拌。

③最後混合
經過前項處理的原料與已經完成預備混合的材料，在此進行最後混合。混合室的溫度與濕度必須精確管理。

④檢查
最後混合之後必須加入適當的湯汁，也就是用規定量的熱湯將湯包內容溶解。過程中必須注意水分與鹽分達到預定目標，以確保品質。

⑤進行分包包裝
湯汁封入小袋之中，以熱封口機密封完成後，還得進行重量等的檢查。

調味包製造方法

調味包製造方法有三種。

A.熱風乾燥
目前最常使用的處理方法，也就是將調味包使用的食材（蔬菜、魚蝦等）進行乾燥處理。

B.真空冷凍乾燥
許多杯麵調味包都使用這種乾燥方法處理。做法是，以零下三十度進行急速冷凍，真空狀態下使之乾燥。

C.微波加熱乾燥
讓調味包的內容物經過高周波誘電加熱裝置，藉由發熱讓這些內容物乾燥。常用在雞蛋加工上。

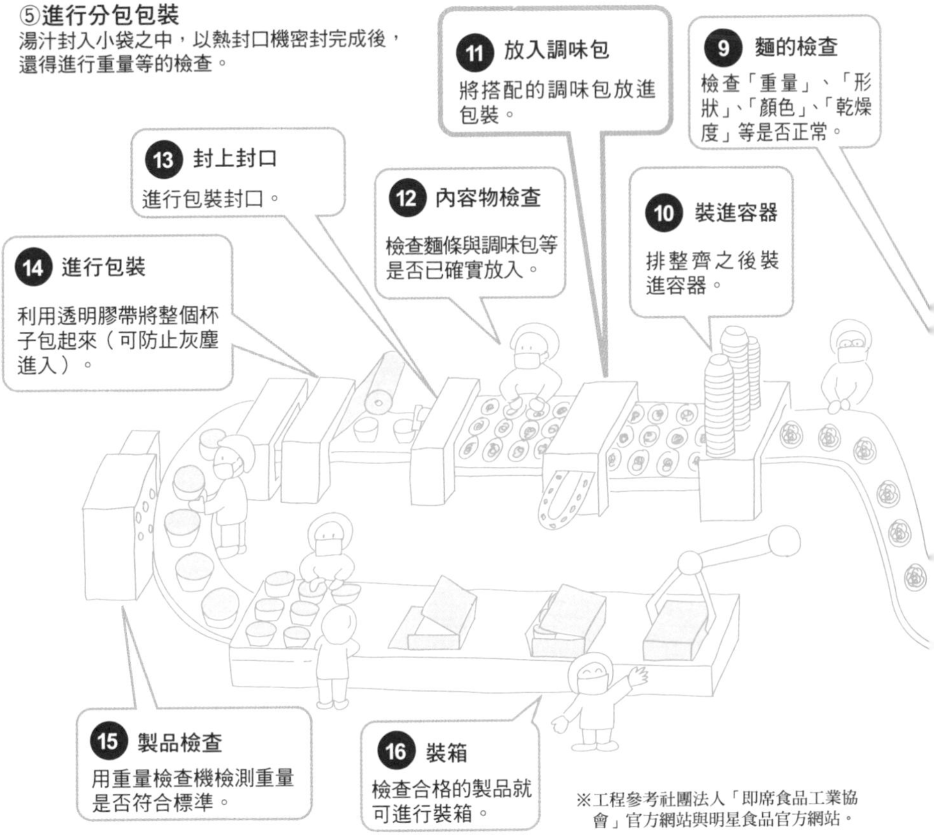
9 麵的檢查
檢查「重量」、「形狀」、「顏色」、「乾燥度」等是否正常。
10 裝進容器
排整齊之後裝進容器。
11 放入調味包
將搭配的調味包放進包裝。
12 內容物檢查
檢查麵條與調味包等是否已確實放入。
13 封上封口
進行包裝封口。
14 進行包裝
利用透明膠帶將整個杯子包起來（可防止灰塵進入）。
15 製品檢查
用重量檢查機檢測重量是否符合標準。
16 裝箱
檢查合格的製品就可進行裝箱。

※工程參考社團法人「即席食品工業協會」官方網站與明星食品官方網站。

2-6 啤酒的製造方法

許多水質特別好的地方都設有啤酒製造工廠，原因當然是製造啤酒需要優良水質。啤酒製造主要有❶準備原料❷悶煮❸發酵、熟成❹過濾、裝瓶等四大步驟。

1 準備原料

啤酒原料主要有麥芽、蛇麻草、水三種。此外，為了調味，有時會使用副原料（米、玉米、澱粉等）。

麥芽

讓啤酒大麥充分接觸水、空氣而發芽，然後使之乾燥而停止生長。麥芽含有許多糖分以及可產生甜味的胺基酸等成分。

蛇麻草

多年生蔓草，啤酒使用的是未受精的雌株。這是啤酒創造獨特苦味與香氣不可或缺的原料。

水

水經過處理就可取出適合釀造啤酒的成分。水質優良，啤酒釀造業便會蓬勃發展。

副材料

根據規定，釀造啤酒可使用米、玉米澱粉等作為調味的副材料。

2 悶煮

輾碎的麥芽和副原料放進鍋中加水悶煮，澱粉質變成麥芽糖。篩過之後得到「麥汁」，再加上蛇麻草煮沸，在無菌狀態下進行冷卻。

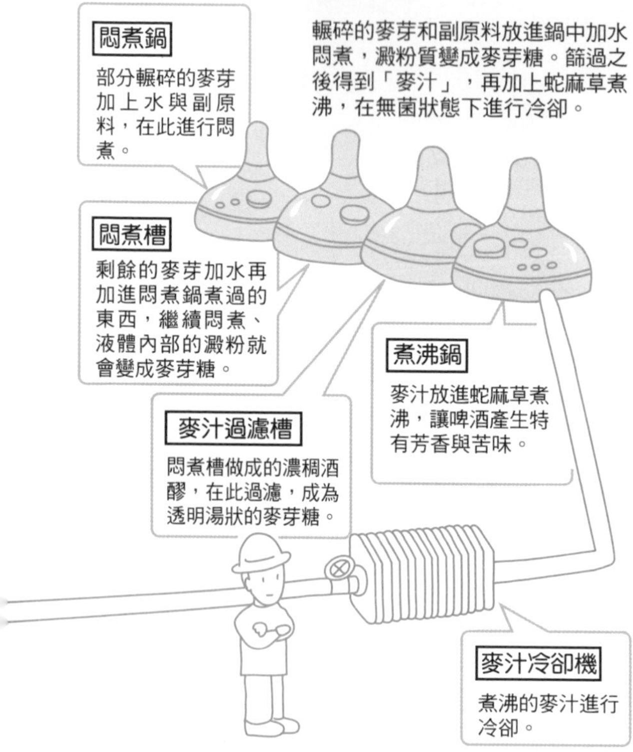
悶煮鍋
部分輾碎的麥芽加上水與副原料，在此進行悶煮。
悶煮槽
剩餘的麥芽加水再加進悶煮鍋煮過的東西，繼續悶煮、液體內部的澱粉就會變成麥芽糖。
麥汁過濾槽
悶煮槽做成的濃稠酒醪，在此過濾，成為透明湯狀的麥芽糖。
煮沸鍋
麥汁放進蛇麻草煮沸，讓啤酒產生特有芳香與苦味。
麥汁冷卻機
煮沸的麥汁進行冷卻。

3 發酵、熟成

冷卻的麥汁加上啤酒酵母進行低溫發酵。約一週後，糖分解成酒精與碳酸氣體，啤酒初步成型。
在經過低溫數十日的儲藏，進一步熟成就可得到風味與香氣最佳狀況的啤酒。

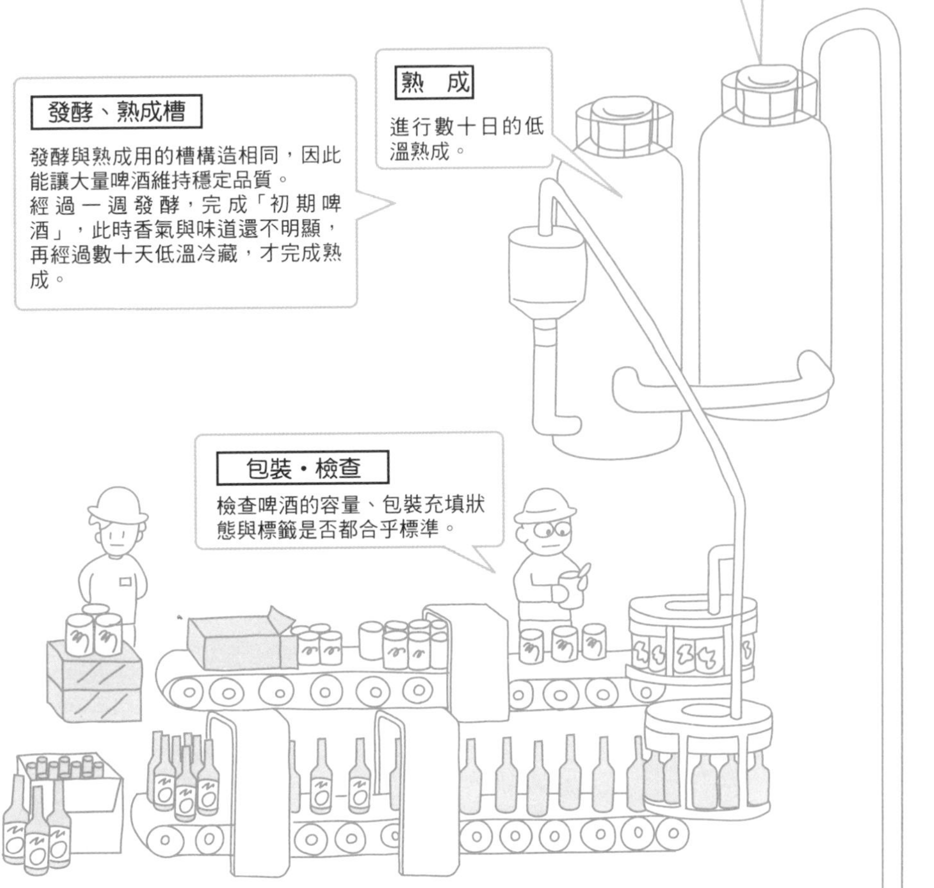
發　酵
麥汁加入啤酒酵母，糖分就會分解成酒精與碳酸氣體。

4 過濾、裝瓶

已經熟成的啤酒進行過濾，就可除去酵母與蛋白質。過濾完成的琥珀色生啤酒，分別裝入瓶、罐與酒樽。

※本工程說明參考朝日啤酒官方網站與麒麟啤酒官方網站。

2-7

汽車的製造方法

汽車製造大致分為五項流程。近來汽車製造廠都已自動化，裝配過程中機器人負責的範圍愈來愈大，但最後階段的品質檢查等關鍵工作，還是必須人工進行。

材料剪裁

將成片鋼捲剪裁成適合製做車體各零組件所需的大小。

壓型加工

利用自動壓型機將按照規定尺寸剪裁的鋼板，壓成各嵌板零組件的形狀。

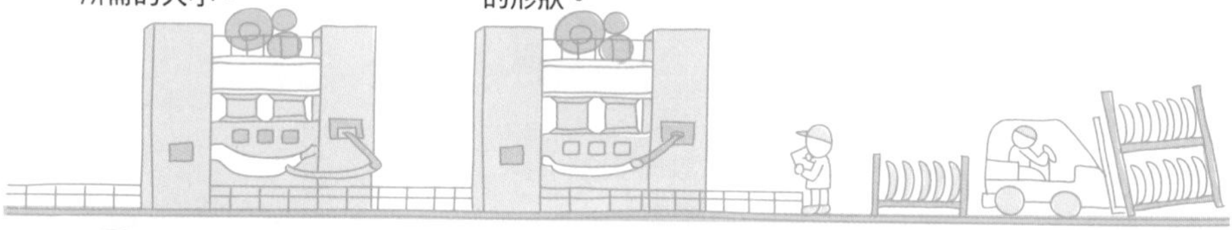

1 壓型工程

利用大型壓型機自動進行鋼板壓型加工，做成擋泥板、底盤、車門、引擎蓋、車頂等各種大小尺寸的零組件。

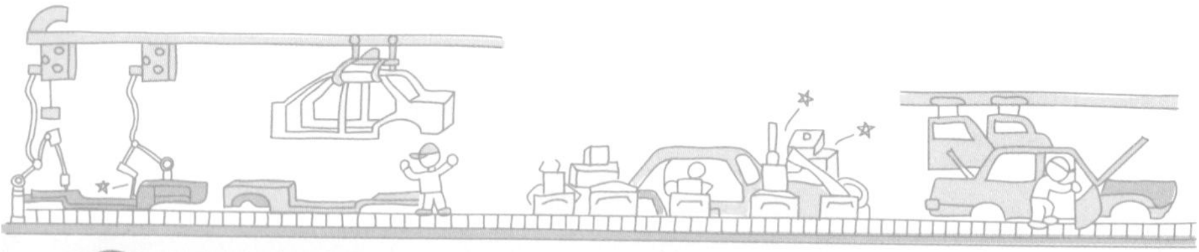

2 車身組裝工程

將自動壓型機加工完成的零組件焊接起來，形成車身骨架。大型車廠焊接作業都已自動化，絕大部分以機器人進行。自動控制非常精密，針對不同車型做好焊接工作。

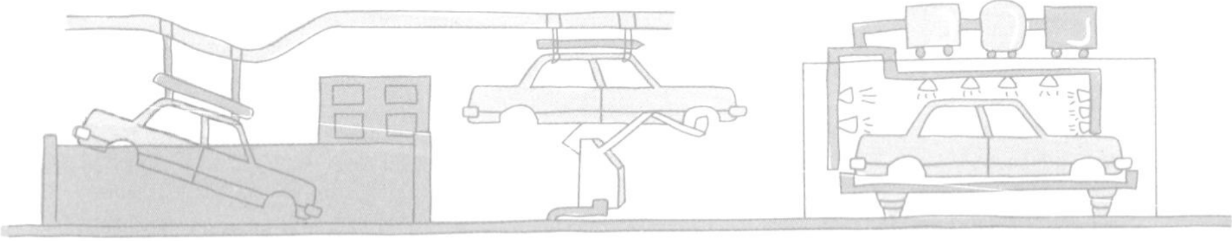

3 塗裝工程

成型的車體首先徹底洗淨，進行防鏽電著塗裝（底漆），然後加上中度底漆、面漆與金油（透明漆）等工程。
這些「烤漆」作業必須在沒有灰塵的「無塵烤漆室」進行。

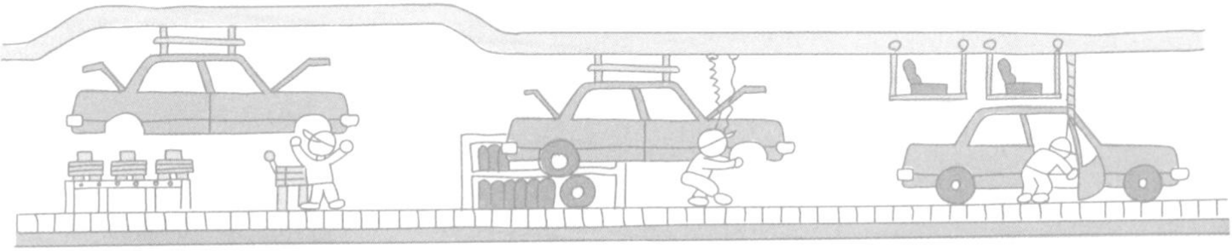

4 組裝工程

塗裝完畢的車體就可進行引擎、馬達相關零組件、內裝、電氣配線、輪胎等多達數千種零組件的安裝工作。
這部分作業必須在電腦正確控制、指示下完成。組裝最後的工程是安裝座椅以及加油、加機油等工作。

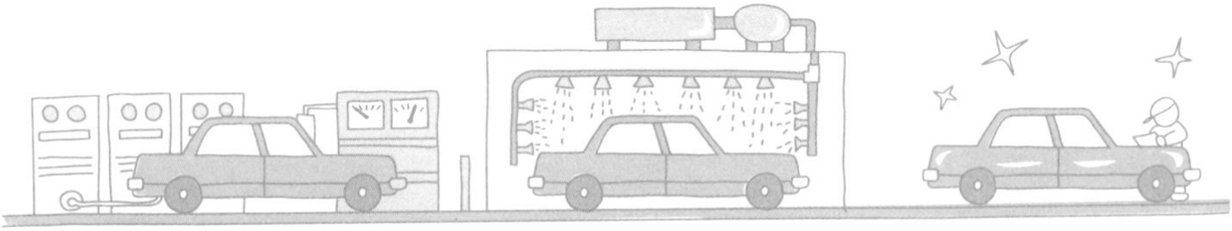

5 品質檢查

完成的汽車必須開到檢查廠，一台一台進行行進狀態、煞車、車燈、排氣等等的嚴密檢查。
然後在噴水間用水柱沖刷，測試是否有漏水現象。
所有細節都注意過，最後由有充分經驗的檢查員以肉眼確認，合格、正常的車子才能出廠。

2-8

螺絲、螺帽的製造方法

製作螺絲與螺帽的材料主要是鋼條與線圈。代表性製造工程為成型工程與螺紋切割工程，就加工方法而言，也有多樣少量與少樣多量等不同生產模式。

螺絲的製造工程

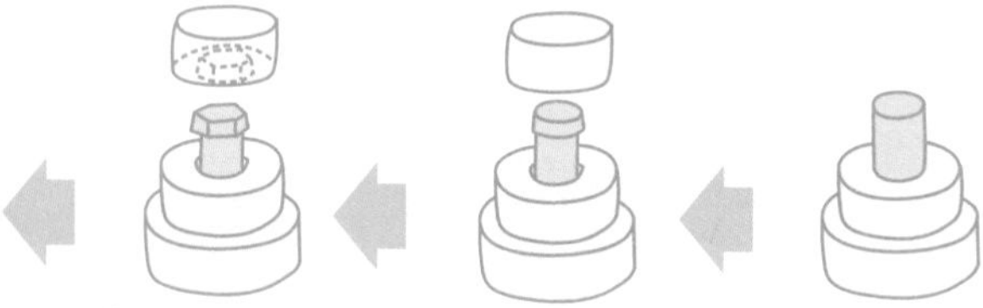

1 切斷・加熱

鋼材依照螺絲的長度切斷之後進行加熱，以備鍛造加工。

2 陷型工程

加熱完成的材料放進鍛造金屬模，進行讓材料前端膨脹的陷型鍛造（初步成型）。

3 鍛造加工

前端膨脹之後進一步做成六角形等形狀，這就是鍛造加工。

螺帽的製造工程

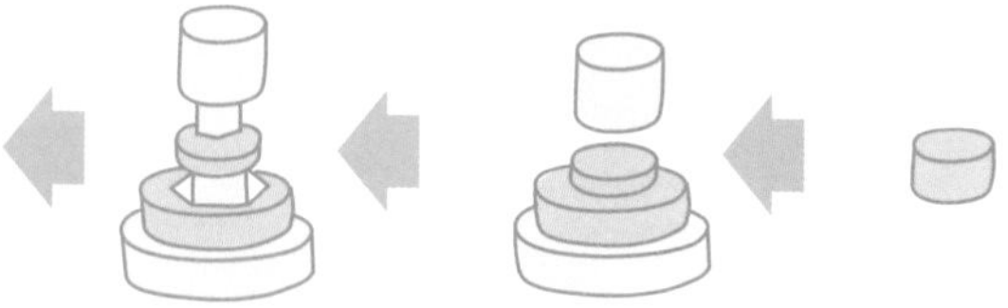

1 剪裁

2 預備成型

利用成型機將材料擠壓、成型、做成螺帽的大體形狀。

3 插入成型模

利用成型機將圓形的材料做成規定的六角形等形狀，進行「成型」。

螺絲、螺帽的素材

一般常用的素材有軟鋼、不鏽鋼等材質製成的鋼條或線圈。

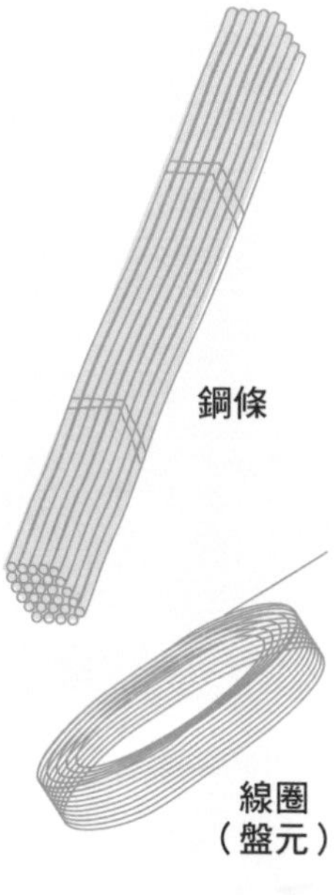

螺紋加工的方法

螺紋製造方法主要有「切削螺紋加工」與「輾牙加工」兩種。基本上，切削螺紋加工適合多樣少量的精密螺紋加工，輾牙加工適合少樣多量的螺紋加工。

切削螺紋加工

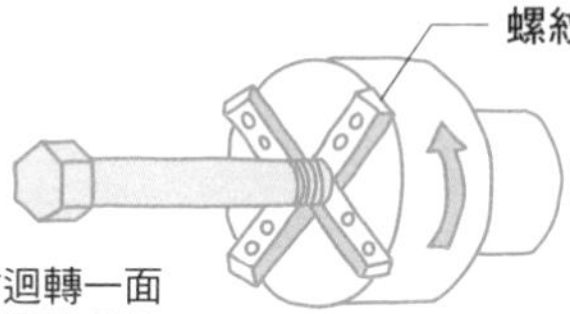

一面讓素材迴轉一面用螺紋切削刃進行切削，做出螺紋。

輾牙加工

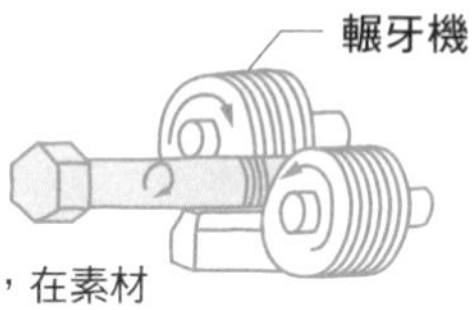

讓輾牙機迴轉，在素材表面壓出螺紋。

※本工程參考大阪螺絲工業工會官方網站做成。

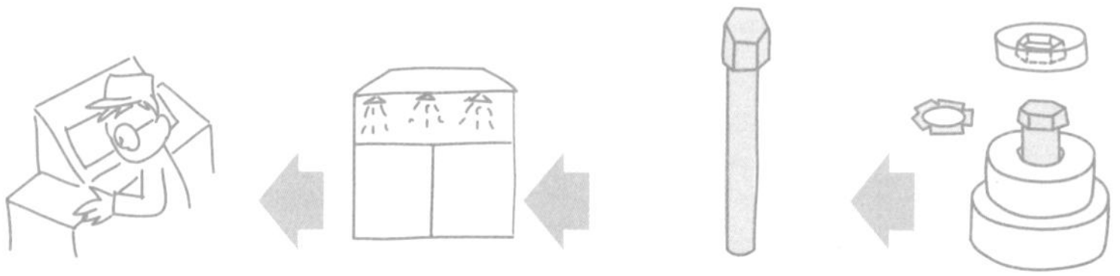

4 表面處理

完成鍛造成型後進行刮除鐵屑的面處理。

5 螺紋加工

頭部已成型的螺絲，按照預定尺寸進行螺紋加工。

6 洗淨

洗掉油污、弄乾淨。

7 檢查

利用外觀與尺寸檢查找出不良品。良品即可出貨。

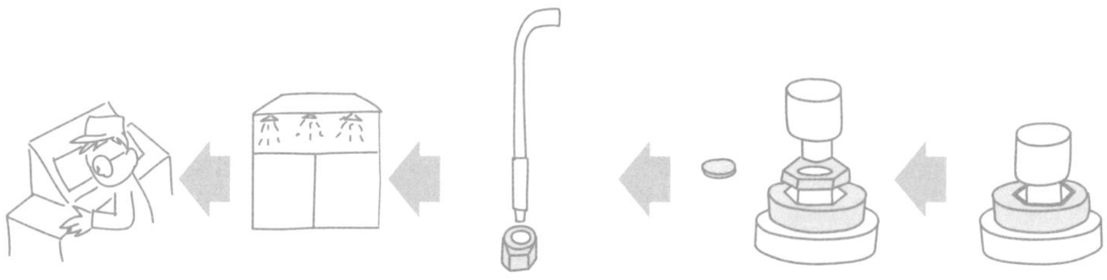

4 成型

利用成型機將規定尺寸的外型完成成型，準備進行沖孔。

5 沖孔整型

利用沖床打出可用來鎖螺絲的孔，也就是「沖孔」。

6 攻牙加工

以牙攻將螺帽攻牙加工至所需的螺紋，螺帽到此階段已經完成。

7 洗淨

洗掉油污、弄乾淨。

8 檢查

利用外觀與尺寸檢查找出不良品。良品即可出貨。

2-9

半導體的製造方法

半導體製程基本上分為在基板上形成 IC 迴路的前段工程，以及基板產品化的後段工程。但實際上兩項工程合起來總計有數百項大大小小工程，以下介紹的是其中主要部分。

※製程參照日本半導體製造裝置協會官方網站。

前段工程

在基板上形成IC迴路

1 把金凸塊拉起來

首先製作半導體材料矽單結晶金凸塊。

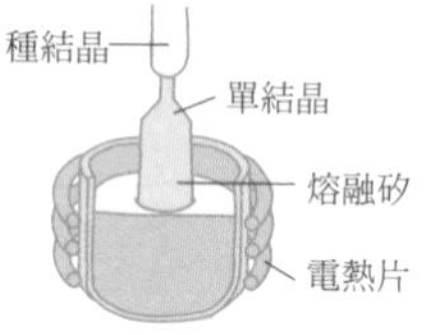

2 金凸塊剪裁

用鑽石切盤（刃）將金凸塊切成預定的厚薄單晶片（圓盤狀矽單結晶）

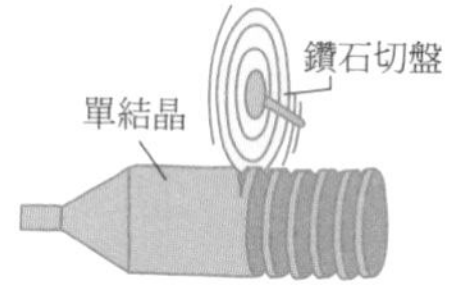

3 單晶片的研磨

使用研磨劑，將單晶片表面磨成像鏡子般光滑閃亮。

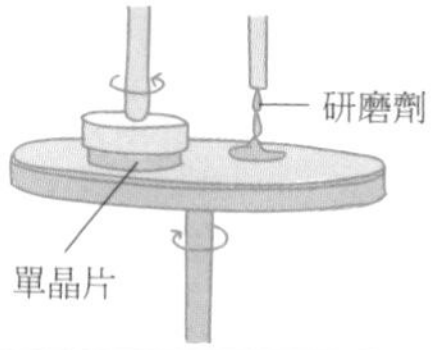

4 單晶片表面進行氧化

高溫下讓單晶片與氧氣進行反應，使表面形成矽氧化膜。

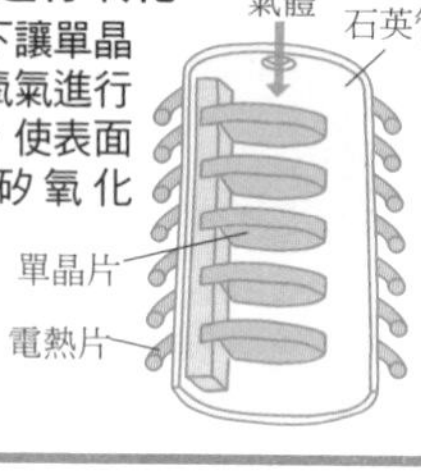

5 塗布光敏抗蝕劑

實際製作迴路前，會先在單晶片上平均塗布光敏抗蝕劑（感光性樹脂）。

6 迴路設計、模式設計

製作用來轉寫單晶片的 IC 迴路圖。

7 製作光罩

在玻璃上燒印 IC 迴路圖製作光罩（遮光模）。這就是在單晶片上燒印迴路「負片」。

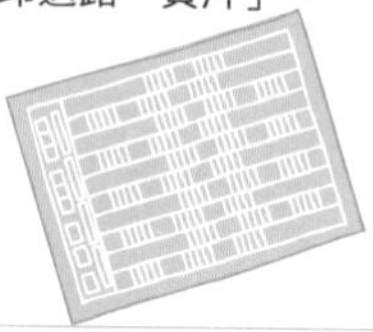

8 晶片表面進行「模式形成」

讓單晶片對著光罩，用紫外線照射抗蝕劑製作迴路圖。

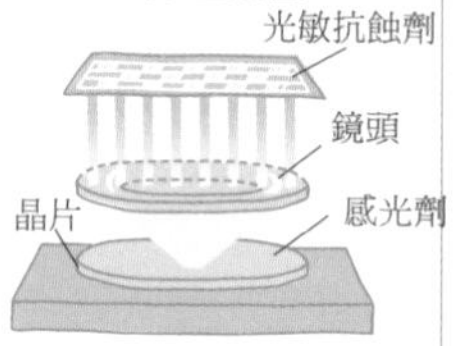

9 蝕刻

藉由蝕刻（用化學反應進行雕刻）形成與光罩相同的迴路。

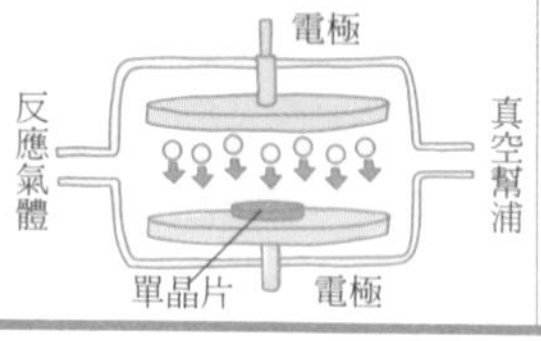

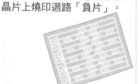

基板產品化工程

後段工程

8 印標

半導體製品表面用雷射印上商標、品名、批貨號碼。

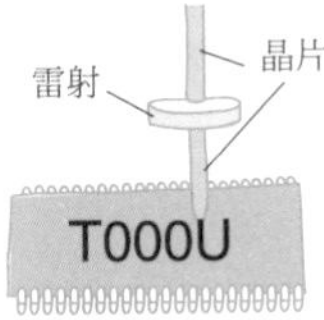

1 切割

將單晶片切割成一個一個產品單位的 IC（晶片）。

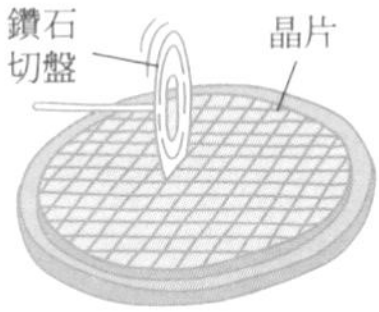

13 單晶片檢測

單晶片上的IC必須逐一偵測，找出不良品。完成。

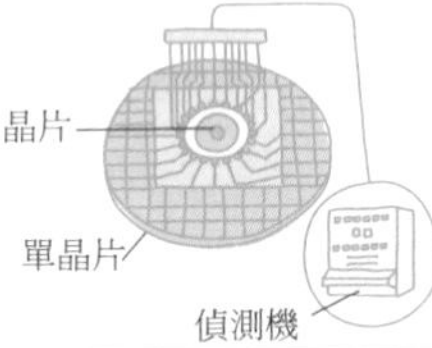

7 產品檢查、穩定性檢查

進行外觀構造等檢查，剔除不良品。

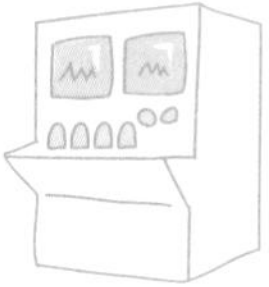

2 固定

將晶片固定在標準框（支撐晶片的金屬框）上。

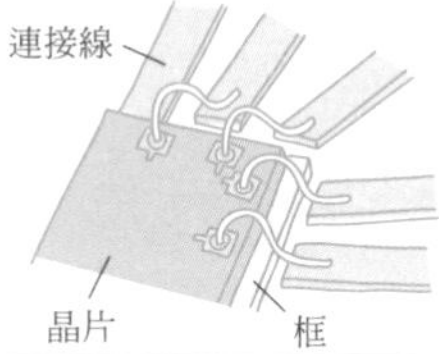

12 電極形成

形成電極配線用的鋁金屬模。

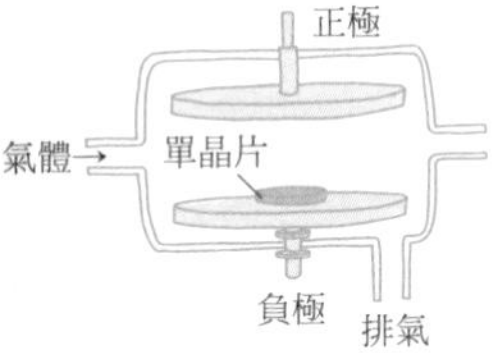

6 篩選（電壓、溫度測試）

為了防範初期不良，必須用測試機測試 IC 的電氣特性。

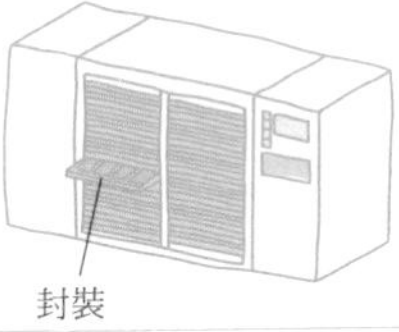

3 連接線

用金屬線將標準框與晶片連接起來。

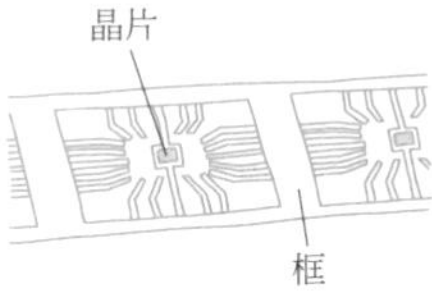

反覆進行

11 平坦化

晶片表面進行研磨，使之平坦。

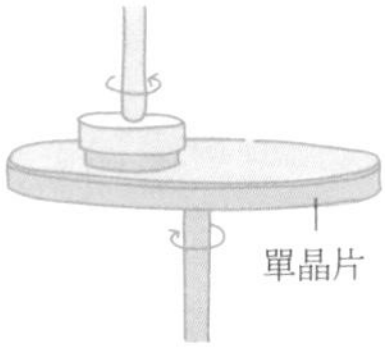

5 修邊&成型

從標準框將個別的半導體切割、分離出來，進行預定狀的成型。這便是成品。

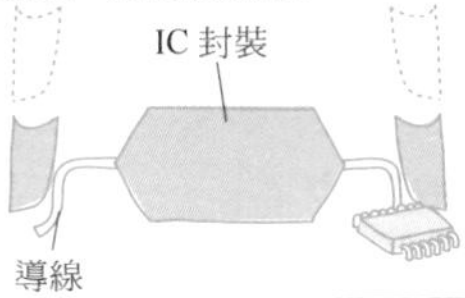

4 一體成型

為了避免受刮傷或撞擊，利用陶瓷、樹脂等材料進行封裝

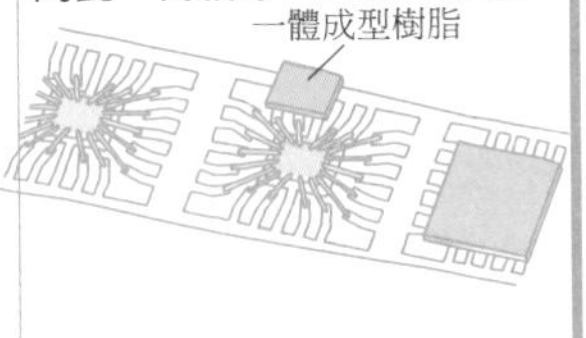

10 氧化、擴散、CVD、離子植入

單晶片上植入離子，使之擴散。表面氧化生成矽的部分成為半導體。CVD就是用化學氣相沉積法形成薄膜的技術。

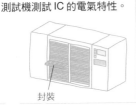

Column 2

工廠變化的痕跡

一九九〇年代初，筆者有機會前往美國，搭乘紐約通往費城的鐵路，列車離開紐約市街之後，來到郊外看到綿延不斷的廢棄工業區。這些工業區長滿雜草，聽說美國的國家產業構造改變非常快速，眼前情景或許就是最佳印證。

在國內，廢棄工業區一定會很快轉作其他用途或者興建新工廠，不會閒置那麼久。相對的，美國可能是土地非常廣，才有紐約郊外這一大片土地，放在那裡沒有利用。

以日本為例，舊工業區改造完成，總是吸引包括工人、商店經營者在內的許多人進入，原本死氣沉沉的地方一下子又充滿生氣。

當然，新工業區與新工廠成立過程中，許多企業經營者與員工會有「幾家歡樂幾家愁」的狀況。也就是，有人升遷、有的人降職，有人白手起家蓋了工廠……

基本上，工廠或工業區成立最根本條件是，有人進行「投資」。投資的成敗關鍵則在於能否迅速回收成本、賺錢。投資獲利的人，總會不停地尋找下一個投資機會，能力高強的人一間公司開過一間、一家工廠蓋過一家，規模不斷擴大。

這類過程不斷複製，終於讓美國與日本躍居全球工業強權。不過，一九八〇年代，美國不景氣，而日本經濟活力全面爆發，許多日本人搬銀子前往美國收購土地耀武揚威，我一九九〇年代初看到的紐約郊外工廠廢墟，可能就是美國製造業敗給日本的結果。

卻不料一九九二年左右開始，美國製造業在資訊與電子業帶動下全面衝刺，連續十年快速成長，特別是 IT 技術革新與應用方面獨步全球，造成美國全面性經濟榮景。

相對的，日本經濟泡沫破裂，陷入連續十幾年的嚴重不景氣，一直到二〇〇四年左右才轉型成功，製造業漸漸又恢復活力與成長。

（渡部　弘）

第3章

各式各樣的生產方式與分類

3-1 工廠的分類方式①

根據生產方式與型態，進行工廠分類的方法，稱為「二分法」。

工廠種類非常多，所以工廠管理產學界習慣把工廠分為幾種類型。

較細的分類有些是日本政府習慣使用的產業分類方式。其中，製造業依其產品分成二十三個中項目（參照第1章第2節），然後再細分為一六四個小項目。

組裝型與加工型

最常使用的工廠分類方式，就是前面介紹過的「組裝型」與「加工型」之分。

這種分類方式主要是根據加工過程不同，像汽車工廠那樣組合零組件做成產品的稱為「組裝型」；像啤酒工廠那樣藉由材料化學變化做出產品的，稱為「加工型」。

組裝型又稱為「不連續型」。主要是因為，這種工作類型製造的產品，可以一個一個數得出來。

少樣多量生產與多樣少量生產

另外，根據產品種類多寡可做出「少樣多量生產」與「多樣少量生產」的區分。如果產品種類很多，但每項產品產量都很少，稱為「多樣少量生產」。反之，產品種類很少，每項產品產量很多，稱為「少樣多量生產」。

站在工廠經營的角度，少樣多量生產效率較高，但每種產品利潤可能不高。反之，能配合購買者需求進行多樣客製化，個別產品就更能因為物以稀為貴而獲得較高的利潤。

流動車間型與加工車間型

接著還有「流動車間型」與「加工車間型」這種分類方式。這與其說是工廠的分類方式，不如說是製造現場的機械配置分類方式。通常使用旋盤與銑刀盤等加工機工廠的分類方式。

加工車間型工廠多半使用沖床或旋盤、熔接等加工機能的機具，每台機器前面都有專任的操作者，各自形成加工中心（加工車間）。（又名「製程別機器設備布置」）

然後，加工品在不同加工車間之間移動。多樣少量生產型的機械加工，多半採取這種做法。因此，不同車間的動線管理非常重要。

另一方面，流動車間型（又名

根據生產方式進行工廠分類①

生產方式的分類①

分類的根據標準	生產型態
根據加工過程進行分類 ⇒產品如何製作出來？	• 加工生產 • 組裝生產
根據產品種類與生產量進行分類 ⇒重點是多樣化生產還是大量生產？	• 少樣多量生產 • 多樣少量生產
根據機械配置方式進行分類 ⇒產品使用怎樣的方式進行組裝？	• 流動車間型生產 • 加工車間型生產
根據組裝產品技術性質進行分類 ⇒組裝產品用何種技能進行組裝？	• 生產線生產 • 單元生產

（請繼續閱讀 48 頁分類②）

「產品別機器設備布置」）主要按照產品加工順序排列機器。參觀現場時會發現生產線從頭到尾按順序排列，產品一路逐漸成型。基本上，流動車間型比較適合大量生產。

生產線生產與單元生產

組裝型的工廠之中，又有「生產線生產」與「單元生產」兩種分類。

生產線生產方式係將組裝作業分割由幾個人完成，作業員按照工程順序排列成生產線，進行作業。最常見的做法是，操作員站在輸送帶前，每個操作員按照輸送帶順序把不同零組件放進產品，合力完成組裝。

操作員的作業相當單純，這種做法適合低階但需要大量的工人，產品生產量通常很大，生產量爆發性高。

不過，工作太單調，作業員容易無聊，工作士氣難以提高，是其缺點。

「單元生產」則是由一個或幾個作業員形成產品組裝單位。操作時先把必要零組件與機器放進這個作業場所。

採取單元生產方式，作業員通常必須有較深或範圍較廣的工作技能。對於作業員而言，因為工程更有變化與彈性，比較不會無聊，成就感較高。如果要增減生產量，通常做法則是增加或減少作業場所的數量。

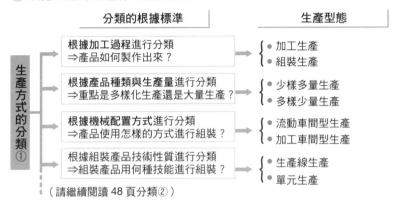

3-2 工廠的分類方式②

以生產架構作為對比，主要可分為計劃推進型與需求拉動型。

「計劃推進型」與「需求拉動型」兩者乃是生產架構上常使用、兩者互相對比的用語。不過，有時不只用來指單純的生產現場架構，也有人把它應用在更廣泛的生產架構設計上。

計劃推進型的生產架構

「計劃推進型」的生產架構主要是為了提高工作效率，事先擬訂整套工作計劃，過程中每個作業員或執行者只需要做好自己分配的部分即可。

不過，現實操作過程中有時會出現突發狀況，或者遇到困難，比如突然缺乏某些評鑑或者品質沒有達到標準，乃至於部分作業員請假等。

遇到類似意外狀況，就得修正或重新擬訂計劃，但這只是理想，實際上並不容易快速轉彎或全部重新再來。

主要原因是，計劃推進型工作架構，執行的多是大型計劃，如果過程中有太多變數與突發狀況必須改變，就無法做事。因此，遇到困難或不順利時，解決方法通常是委由個別作業員進行適當的處理。

不過，在複雜的工作現場，個別員工未必能妥善地處理自己遇到的問題與突發狀況，結果就容易變成無視於事態變化而按照原先計劃繼續工作，使產品出現瑕疵、未能達到標準而造成公司重大損失。

賣多少做多少的需求拉動型生產方式

所謂「需求拉動型」生產方式，就是「東西賣出多少，生產線才生產多少」的工作架構。換言之，這種工作架構必須視後段產品庫存狀況決定生產量，因此又稱為「後段工程牽引型生產架構」。

最初研發、使用這種生產架構的，就是豐田汽車，「豐田生產方式」可說是與眾不同，且是其公司文化非常重要的一部分。

這種生產方式主要優點是，能防止過量生產與產品滯銷問題。

操作方法主要是「產品賣出去多少，生產線才做多少」，「用掉多少零組件，才進多少零組件。操作時後段工程人員必須機動地把相關情報傳給前段工程人員，這種情報傳遞的方

根據生產方式進行工廠分類②

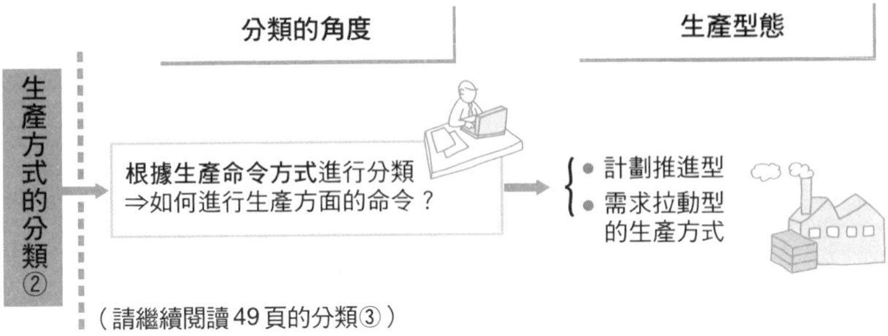

計劃推進型與需求拉動型生產架構的內涵

法豐田公司稱為「看板管理」。

最常見的操作方式是在送到下一段工程的加工品上張貼名為「看板」的紙牌。後段工程的作業員取走物品並進行該段工程加工時，就把「看板」取下，送回給前段工作人員。等於告訴對方「這部分已經用完，物品可以繼續送來」。

總之，前段工程員工只在取得後段工程人員送回的「看板」才進行生產或供給。換言之，「看板」可代表「採用」（看板回來，表示的東西已被採用），也可代表「拒絕」（看板沒回來，表示後半工程人員不需要追加加工品）。

即使採取需要拉動型生產方式，仍得事先擬訂計劃，然後按照計劃進行機器、人員、零組件配置。只不過生產過程中前段人員必須遵照後段人員的「看板訊號」進行動作。

3-3 工廠的分類方式③

生產流程如何劃分？根據不同角度進行分類。

「連續生產」、「反覆生產」、「流動生產」、「流程生產」、「批次生產」、「單元生產」……，在運用組合這些用語時，其分類原則可能無法像前面介紹的那麼明確。也就是，不同情況下會有不同的分類標準（參照下頁圖）。

根據不同生產規模進行分類

首先，有人根據生產規模大小進行分類。

例如，每個月預定生產一千個產品，如果每天固定生產一定的量（一個月以工作二十天計算，每天生產五十個）。另外的做法是，以五百個為一批，分兩批生產。這兩種做法前者稱為「連續生產」或「流動生產」，後者稱為「批量生產」或「批次生產」。

後者還可稱為「間歇生產」。也就是說，如果只注意產品的生產量，可能會發現每個月只有兩天有生產量，而且都是五百個，其餘每一天都是「零」。

就豐田公司而言，重視的是每天少量流動地生產，而不喜歡間歇性生產，也因此才會想出前一節後段帶動前段的「看板生產方式」。

而連續生產方式又可稱為「反覆生產方式」。

根據現場不同的命令進行分類

另一種標準是，重視生產現場獲得命令的方式差異。

比如，有些生產現場獲得的命令是「這週請每天生產五十個」，有的命令是「先把這五百個做出來」、「接下來做這五百個」等等。前者屬於連續生產方式，後者是單位生產（分批生產）方式。

這兩種生產方式會造成接下來的成本計算方式改變。使用單位生產方式，必須根據分批的單位掌握成本。連續生產方式則是用成本除以期間計算。

比較容易讓人搞混的是，即使生產線每天固定以某種速度運轉，但有關生產量的命令是一批一批來的。換言之，即便連續生產，管理上為了方便還是會用分批的方式控制生產量。

根據生產方式進行工廠分類③

分類的角度		生產型態
生產方式的分類③	根據生產指示單位進行分類 ⇒製造過程中製品流動的方式如何？	● 連續生產、流動生產、反覆生產、流程生產 ● 批次生產、批量生產
	根據庫存多寡進行分類 ⇒重點是降低庫存還是提早生產？	● 預估生產方式 ● 接單生產方式

不同分類的用語對照

連續生產
反覆生產
流動生產
流程生產

VS

批量生產
批次生產

流程生產與批量生產

加工過程的差異也有不同角度。

流程生產主要是像煉油那樣，從油管入口到出口為止，產品不斷流動、持續。至於分批生產，則是生產流程會在某個階段暫時停止，綜合處理之後，才進行下一階段生產工作、最常見的是啤酒釀造與製藥等。

不過，有些製造業把分批生產作流動化改變。比如，餅乾原本放在烤箱裡烤，屬於批量生產，但改使用輸送帶連結烤箱，便成為流動生產。

批量生產之中為了配合客戶要求，有時也稱為「批次生產」。例如食品與醫藥品業界希望留下產品製造過程詳細記錄，所以採取批次生產方式。

即便是加工組裝型工廠，有時也可使用流程生產方式，也就是從生產線入口到出口，產品不斷移動，形成流暢的生產線。

預估生產與接單生產

製造業經營者有的喜歡先接單再生產（即「接單生產」，也可稱為「訂貨式生產」），有的事先預估產品有多大銷售量，提早做起來存放（即「預估生產」，也可稱為「存貨式生產」、「計劃性生產」）。上圖乃是根據庫存重點做的分類，詳細內容見下一節說明。

3-4

客戶等待的時間與生產方式

為了不讓客戶流失，必須注意維持產品適當庫存，依庫存進行生產方式調整。

如果客戶下訂單後願意耐心等產品做出來，對於生產管理者而言，當然最方便不過。一般而言，水電工程行承接的訂單，客戶都只能乖乖等待工作完成；但這只是例外，其實大部分客戶都不會這麼有耐心，他們期待立刻拿到東西。

為了抓住客人，有些行業必須事先把產品做好。也就是，事先備好產品庫存，等待客戶上門。

不同庫存方式造成生產方式差異

產品庫存多少才恰當，主要根據客戶願意等待的時間決定。

如果客戶完全不願等待，商家必須在店面直接擺出產品。這就是所謂的「完全預估生產」，超商販賣的便當、麵包等產品，便屬於這種型式。

其次，客戶稍微願意等的，廠商可以中途追加生產，或者接到訂單再做半成品的最後加工。不少餐飲店採取這種做法，稱為「半預估生產」。

這種生產方式做出來的產品，銷售對象並非最終消費者。也就是，交貨對象是組裝廠或零售店。例如，有些半導體產品需要非常多的零組件，其中部分事先做好。等到最後零組件全部調齊，才做最後的組裝。

如果客戶願意稍微等待，做法是否不同？在此情況下，廠商可以先建立部分的材料或中間製品的庫存。大型餐飲就是採取這種做法。有些成衣製造廠商也是利用這種方式，先做好部分布料加工，等到有人下單，才做最後的加工、出貨。

這種生產方式因此稱為「接單生產」，是企業之間最常使用的生產方式。基本上，廠商針對產品的生產方式與設計都會事先擬定，不論泛用品還是特別訂做的產品，都會事先建立產品「菜單」，讓客戶下單時有所根據。

此外，前述有些水電行的做法是，完全沒有某種材料的庫存，而是接到訂單才買，此稱為「完全接單生產」。採取這種又稱為「計劃型生產」方式的，還有造船業。

客戶等待的時間庫存管理要點

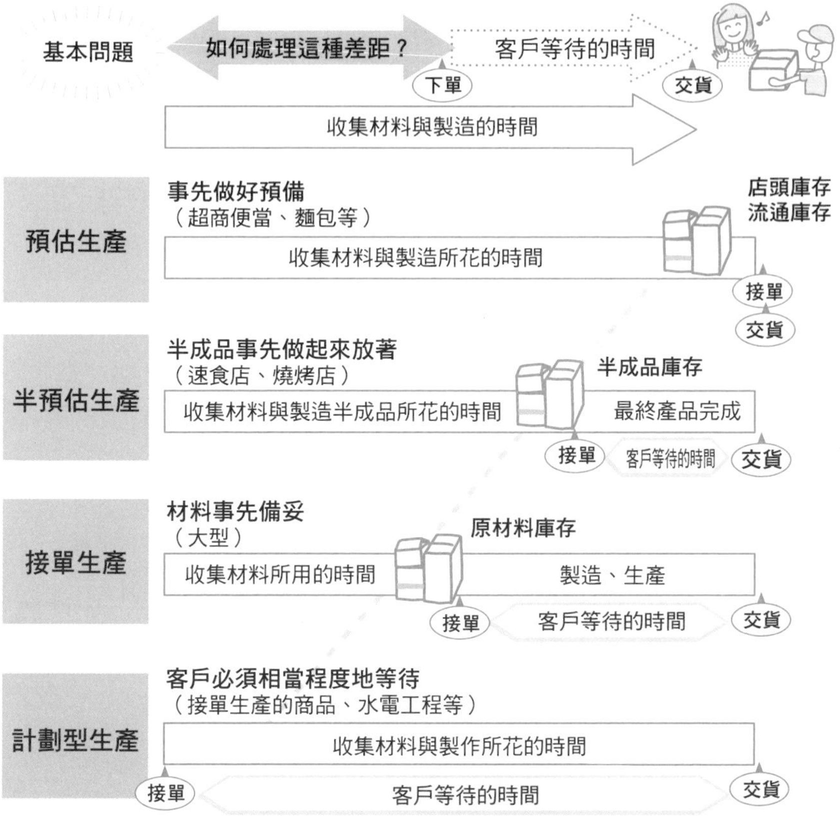

如何降低庫存損失？

生產過程中，產品庫存的位置稱為「庫存點」。一般而言，庫存點愈是在上游（上圖左側），營運風險愈低。

為了降低店頭庫存與流通庫存，整個供應鏈（參照五十七頁）必須嚴格控制，需要的材料才進貨，也就是盡量採取接單生產方式。換言之，「庫存點」應盡可能放在材料與零組件階段。

庫存點的左側乃是預測狀況，右側則是因應需求的實際做法。預測與實際需求一致的地方，有人稱為「庫存連結點」。

Column 3

工廠果然是一座「寶山」！

二次世界大戰後日本之所以能迅速脫離混亂期、經濟重新展現活力，主要就是「製造業」發揮火車頭帶動的效果。當時日本工業製造能力已躍居世界第一，能生產大量廉價又高品質的產品。雖然後來，年輕人怕勞累，不願進工廠，但即使如此，工廠對於企業而言仍是一座「寶山」，而一般人比較容易忽略的是「無形資產」。

所謂「無形資產」，就是眼睛看不到的資產，最具代表性的例子是「專利」。有些企業擁有獨特的技術，一般稱為「專利」。專利可受到保護，取得專利就可阻止其他公司利用相同技術製造產品。其他公司若想利用這種技術，得付出相當費用（授權金）購買專利。

專利經常帶給企業許多利益，是相當重要的財產。除了專利之外，工廠使用的「製造流程」，對於企業而言也是重要資產。「應該使用什麼材料、什麼工具，用怎樣的順序進行製造」，這樣的Know-how對於企業而言，價值不在專利之下。許多人把這種 Know-how 稱為「企業祕密」或「經營祕密」。

話說回來，「專利」這種制度的基本目的是，讓發明或開發出技術的人願意公開技術內容，但為了給予補償，法律上特別讓當事人擁有獨佔某些權利的地位。所以，一方面專利所有人可以販賣專利得到收入；另一面，申請專利過程中，該專利相關的企業祕密就會曝光。

雖然販賣專利權可收取授權金，但有些企業認為，企業祕密的價值遠超過授權金。所以，非常核心的技術他們可不希望因為申請專利而被迫公開。

同理，有些公司開放工廠讓業界或一般民眾參觀，但重要機密技術的部分，還是會藏起來，不希望被別人看到。

總之，即使時代改變，對於企業而言，工廠仍舊是「寶山」的事實，並未改變。

（太佐　薰）

第4章

工廠整體的架構

4-1 從開始到最終產品的製造流程

現代工業產品很少從頭到尾在一個工廠完成。基本上，從材料到成品，需經過數個工廠。

工廠接力，完成產品製造

工廠的產品製造流程有兩種分類，一種是類似汽車、電視機、行動電話的組裝廠以及藥廠，做的是消費者可直接使用的「最終產品」。另一種則是，製造鋼筋或半導體等可作為其他工廠材料與零件的產品。

另外，有些工廠的產品是工作機或半導體製造設備等「產業機器」。

以製造鋼筋或螺絲工廠為例，生產過程中必須使用鐵礦等原材料，然後做成鋼筋或螺絲這類產品。

生產馬達或電子零件等中間產品的工廠，則必須將各種不同材料進行組裝，生產數種中間產品。

生產最終產品的工廠，則利用許多不同種類的中間產品，在工廠內進行組裝或加工，做成最終產品。

最終產品主要有一般消費者日常使用的產品（消費材），以及工作機械、半導體機器設備等企業用的產業製品（生產材）。基本上，「最終產品」都必須經過一個流程，也就是將某工廠的產品A，經過處理做成產品B。

這種作業連續反覆進行幾次，就可完成最終產品。

個人電腦製造流程

以下以個人電腦為例，說明產品製作流程（參照次頁圖）。

首先，電線工廠做成銅線之後，交給馬達工廠製作馬達。

包括馬達在內的各種零組件，交給硬碟組裝工廠，就可生產電腦內部用來記錄資料與程式的硬碟。

另一方面，個人電腦本體（邏輯元件）組裝工廠，主要是將主機板與硬碟等零組件，組裝成電腦的本體元件。

接下來，根據總公司營業部門以及客戶要求的規格與式樣，將各種規格的本體元件與顯示器、鍵盤、連接線，組裝成最終產品。

上述過程中每個環節的工廠都會進行品管檢查，淘汰不良品後出貨，進入最終消費者手中。

供應鏈管理

前述，電腦產品製造過程其實就是一種「供給的連鎖」。從製造原材

電腦組裝過程，上中下游工廠的關係

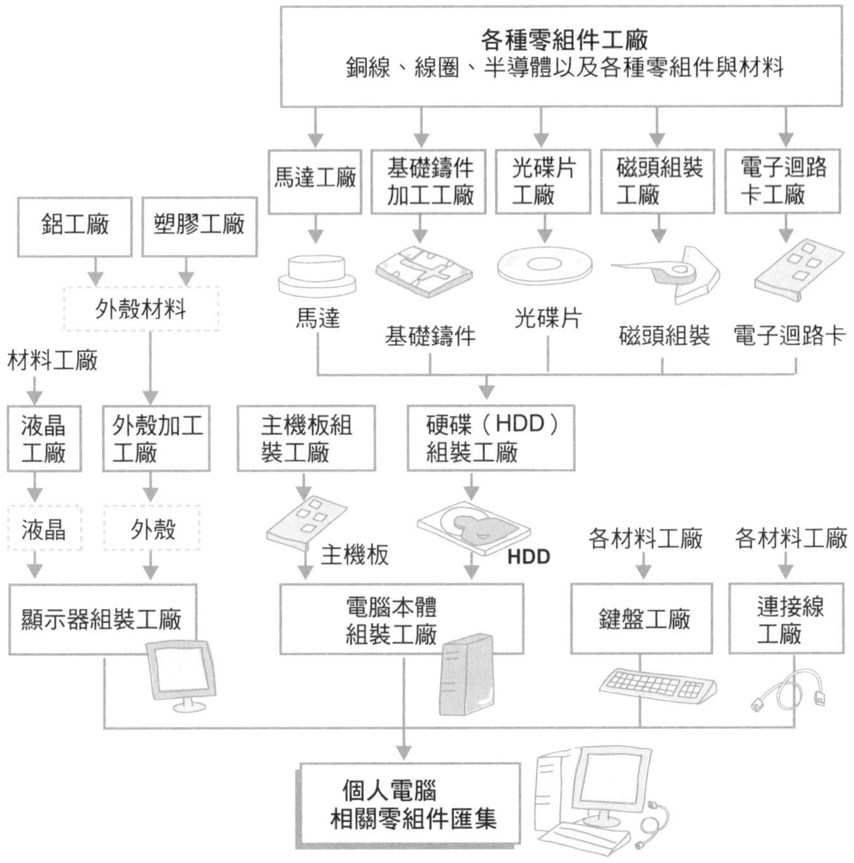

料的工廠到推出最終產品的工廠為止，有許多流程，再加上銷售代理商↓批發商↓零售店↓消費者，整體形成的就是所謂「供應鏈」。

迅速且有效率地掌握、管理供應鏈相關物品流動（物流）、資金流動（金流）與情報流動（情報流）的，就是「供應鏈管理」。

4-2

工廠業務上下左右的製造流程

工廠每個部門必須為達成ＱＣＤ共同目標努力。

工廠所必須努力的事情

工廠規模大小不一，有的員工多達數千人，有的只有幾名工人，但不論是怎樣的工廠，目標都是希望能在最短時間內做出價廉物美的產品。

工廠業務的流程

新產品開發、設計完成後，與產品有關的情報就會傳進工廠。這種情報稱為「準情報」，細分則有與零組件、產品有關的圖面及式樣情報（品目情報），以及產品由哪種零組件、元件構成的產品構成表（零組件表）等（參照第7章第4節）。

工廠除了一面收集生產技術部門製品如何製造的情報（流程表），還必須進行生產的準備。

營業部門則根據產品銷售預測擬定銷售計劃。營業與工廠生產管理部門根據販售計劃擬定生產計劃，這部分業務稱為產銷庫（生產、銷售、庫存）計劃（參照第7章第2節）。

產銷庫計劃通常在生產幾個月之前就做成，一直到一個月或兩個月之前才確定生產計劃，調配各種部材與人手。工廠除了事先擬定產品的生產計劃，還必須調集製造所需的機械或設備等計劃，並做好人力支援計劃。

生產計劃確定後，必須計算零組件何時對外下單。這項工作稱為ＭＲＰ物料需求計劃，詳細內容在第7章第5節說明。

訂貨時必須向對方公司或單位提出「物料購買訂單」或「零組件製造訂單」（公司內部製造零組件時的做法）。訂做的零組件進貨，就會進入倉庫成為庫存，作為製造的準備。

準備工作到此階段完成，接下來就可發出製造的相關命令。

製造命令因為預估生產或接單生產（參照第3章第4節）而有差異。預估生產時，下命令之前會參考工廠最近生產計劃，找出進行製造的最佳時間點。另一方面，接單生產則是接單（得到客戶訂單）之後，才發出製造命令。

接到製造命令的製造部門，便在工廠現場進行製造工作，經過品管就

工廠業務的流程

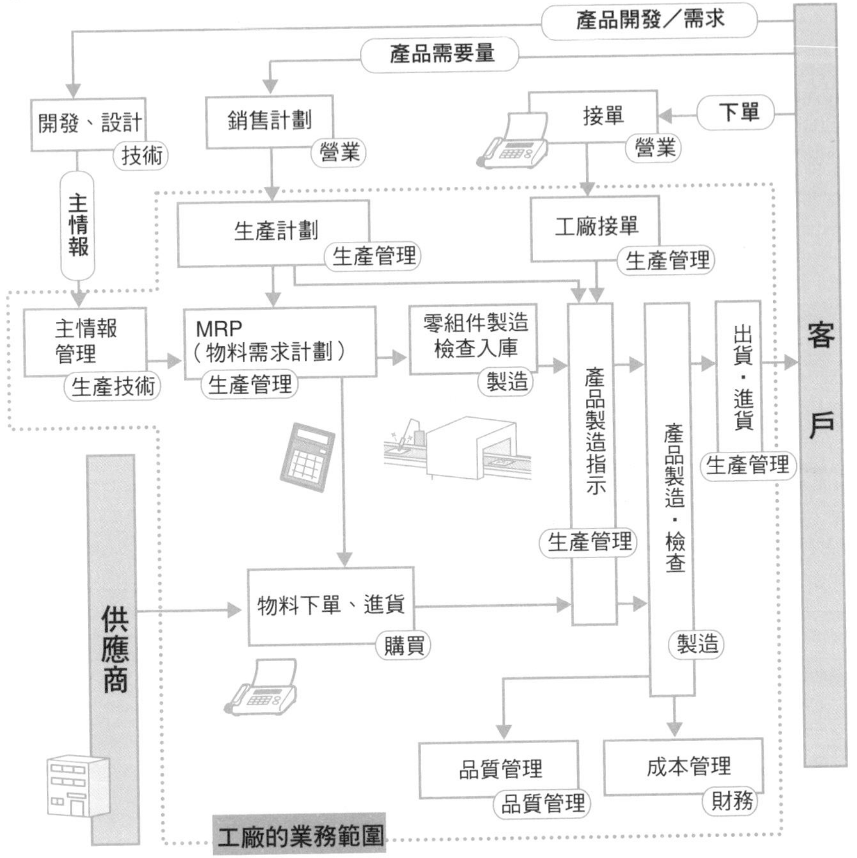

可出貨。製造過程中進度以及製造成績等管理作業，稱為「工廠管理」。

製造現場會進行進貨零組件的檢查與零組件製造檢查，避免不良品。使用檢查合格的零組件做成產品，經過品管才能出貨。出貨時間原則上應配合客戶希望的時間。

另外，產品的成本管理也很重要。包括「哪種產品需要使用幾個哪種部材」、「需要用多少工時進行製造與檢查」等情緒都應仔細收集，根據這些情報算出成本。

總之，工廠各部門努力的目標是一致的，就是確保良好的QCD，為公司創造最大利潤。

註：QCD（Quality, Cost and Delivery）即品質、成本、交貨。

4-3

工廠整體的物資與情報流程

了解工廠業務，最簡單方法就是掌握物資與情報的流程。

情報流程 ⟶　物資流程 ⋯⋯▶

⑮、⑯、⑰、⑱
轉包外面的製造公司進行加工或組裝時，發出外包訂單，並供應加工與組裝所需物料給承包廠商。

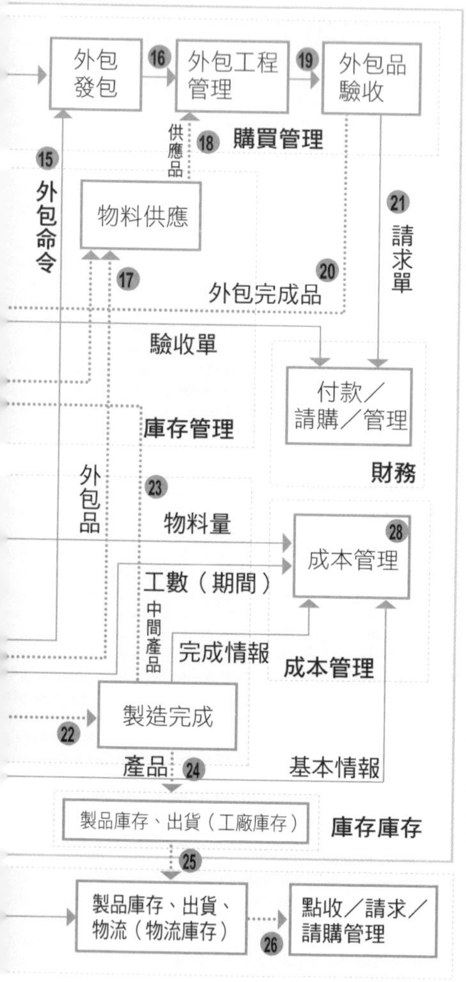

⑲、⑳、㉑
外包廠商交貨後，進入倉儲部門，然後將採購單傳到採購管理業務部門。

❽、㉘
為了掌控產品製造成本，必須統計進貨量、製造所需工數與外包經費。

㉒、㉓、㉔
製造現場完成的中間製品，交到倉儲單位進行入庫。以中間製品為基礎完成的「產品」，進入工廠產品倉庫，然後搬到流通倉庫或直接交給客戶。

㉕、㉖
工廠之外流通過程擁有庫存時，統計從流通倉庫的產品庫存出貨給客戶、進貨與給客戶的銷售金額。

工廠的物資與情報流程

❶、❷
根據營業部門擬定的銷售計劃，製作「產品生產數量」生產計劃。每年擬定一次一年後的大日程計劃（總排程），並且每個月製作二～六個月之後的基本生產計劃。

❿、⓫、⓬
客戶訂單進來之後，生產管理部門就必須對製造部門做出該訂單產品應何時製造完成的指示。這就是產品製造命令單。

❺、❻、❼
物料的請購單交給採購單位進行採購，物料點收後進行倉儲，成為存貨。

❸
基本生產計劃為了擬定製造產品所用物料的購買計劃與製造計劃，必須進行 MRP（物料需求計劃）。

❺、❾
MRP 主要是針對基本生產計劃所需資材，進行時間與數量的計算，以便順利進行採購與製造。

❹
開發與設計業務所擬定的基本情報（比如製造某產品需要什麼物料，數量多少等），都必須進行 MRP 計算。

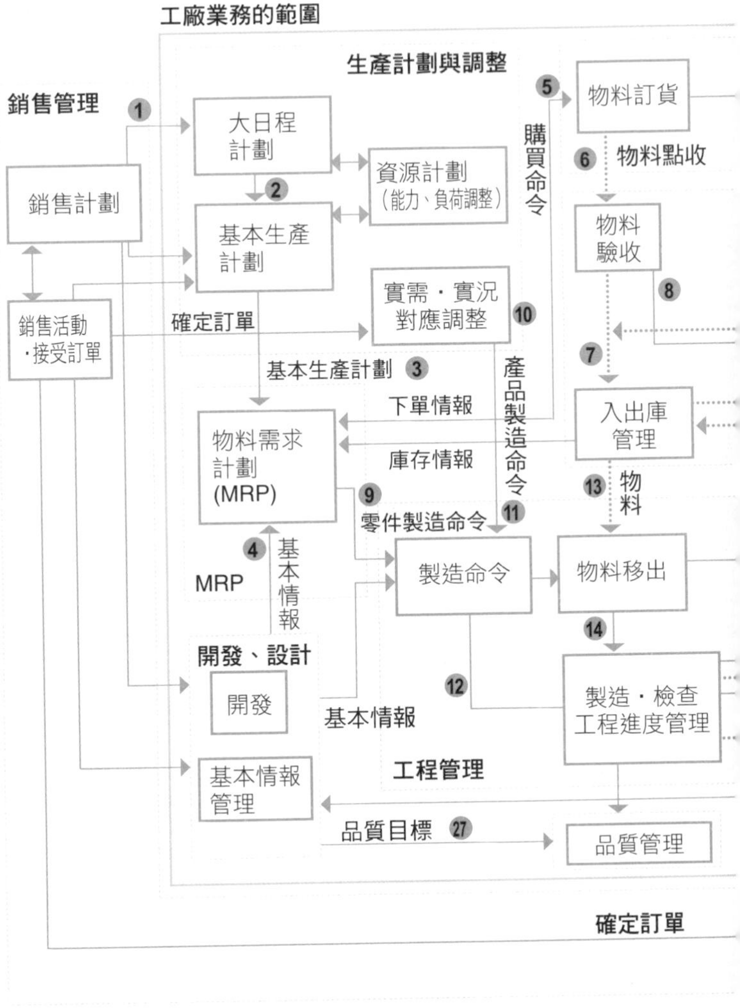

㉗
物料進貨以及零組件、產品製造完成必須進行檢查，確保品質優良，這便是「品質管理」。

⓭、⓮
接到訂單為了進行製造，必須從倉儲單位請領物料。但也可由倉儲單位依據製造命令主動發料給使用單位。

4-4 產品從生產到消費者手中的過程

利用網路可以讓產品流通過程更多樣化。

日益複雜的產品流通管道

產品流通管道愈來愈複雜，但基本上可分為幾種型式（參照次頁圖）。

大公司常使用型式A，也就是生產最終產品的廠商若有經銷商子公司，都會採取「產品製造廠↓製造廠經銷商子公司↓代理商（批發商）↓零售商↓消費者」的流程。

型式B為，由產品製造廠的經銷商子公司出貨給系列零售店，直接銷售給消費者。家電製造廠透過系列電器行販售家電產品，是這方面最典型的例子。

型式C是汽車、組合屋等耐久消費財常見銷售模式，也就是產品製造廠的經銷商直接把產品賣給消費者。

型式D是藥品業常見做法，產品做好後經由大盤商以及零售業者賣給消費者。

網路流通的流行

型式F是，規模較大的零售商直接從產品製造廠大量進貨，壓低成本廉價賣給消費者。最常見的例子是家電量販店。

這種銷售型式省略了被稱為「中間業者」的中盤商，因此能提高效率、削減成本。

型式E與G則是近來急速普及的網路經銷流通。總之，銷售管道愈多，消費者愈有機會比較，買到更物廉價美的產品。此外，網路購物可由消費者指定式樣，工廠則進行客製化生產。

型式H比較罕見。產品除了一般消費者直接使用的，還有工作機械、半導體製造設備等產業機械設備。這些產品通常會直接從生產廠商賣給使用該機械的產品廠商。在此，產品廠商屬於「使用者」。

產品到達消費者手中的流程

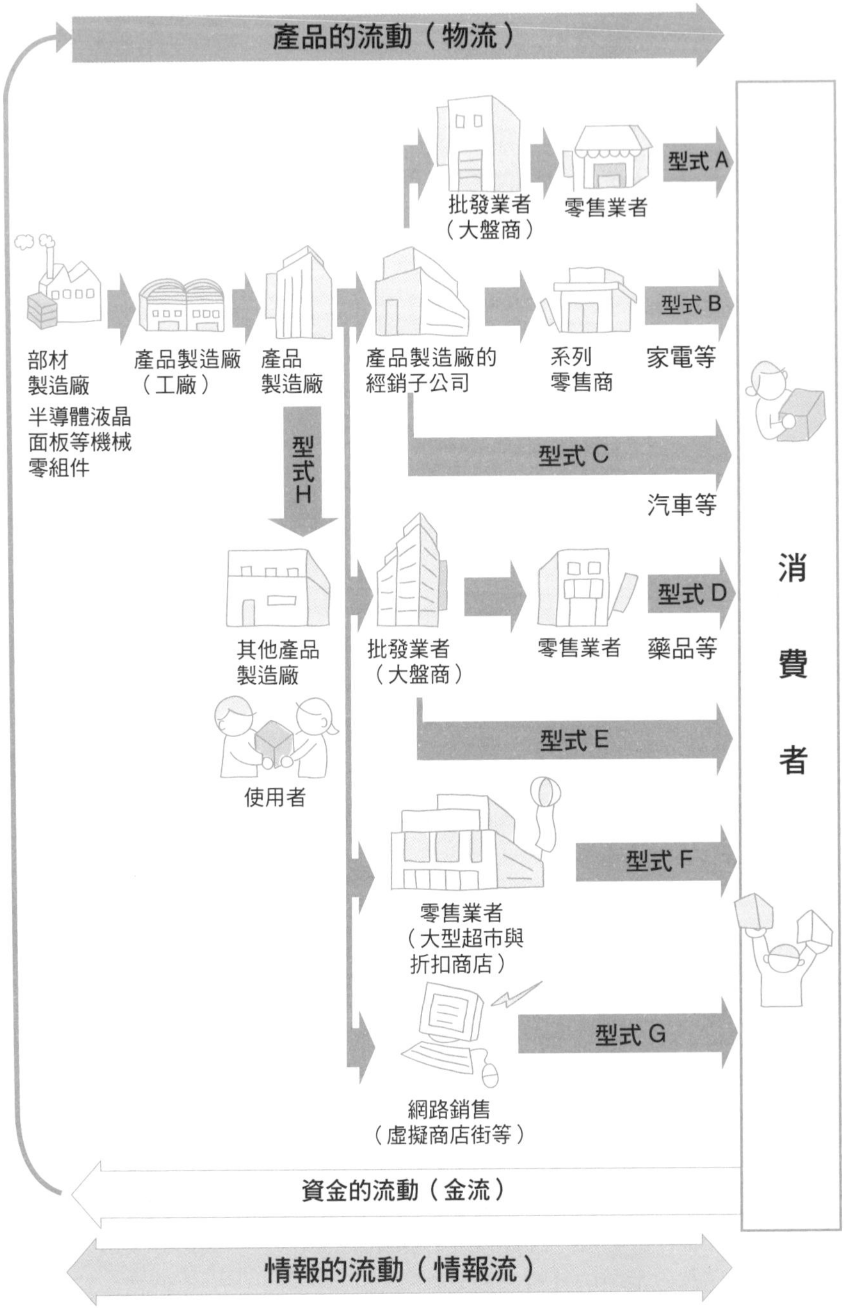

Column 4

海外投資設廠的風險

工業界生產據點已有全球化的現象。

許多工業生產先進國家的廠商，紛紛前往東南亞與中國等地進行投資設廠。日本廠商也不例外，紛紛將生產線移到海外進行量產。

今天，應用電腦需要大量資料傳訊，過去許多人樂觀地認為，深山裡面也可進行電話或電腦通訊。但來到海外生產據點一看，當地雖已建立通訊網，品質卻非常不穩定，令人失望。

詢問當地人原因，發現硬體不是問題，但即便日本企業所投資的國家民眾溫和，還是會遇到許多令廠商傻眼的事情。

比如，負責海外生產的主管認為，國外工廠應引進衛星通訊、舖設光纖，但某些主管認為，東南亞或中國投資設廠的地方，基礎設施應該會像日本或歐美各國那樣完備，所以不必進行這方面的投資，工廠開始運作之後卻發現，很多通訊設備無法發揮作用，日籍主管生氣責備當地政府與合資的當地企業「違反契約，沒辦法確保生產品質」。

令人困擾的事情一再發生，通訊也是每兩三天就斷一次。於是，總公司震怒、責問「到底是怎麼回事？誰該負責！」

深入調查終於發現原因。

「數據通訊迴路的銅線被小偷偷走了幾百公尺。」

「為什麼他們要偷銅線？」

「銅線可以賣錢？」

「？？？？」

為什麼發生這種狀況，日本企業高層多半會感到困惑。幾百公尺的電線值不了多少錢，卻害整家工廠沒辦法運作。但仔細想想，當地工資與物價非常便宜，銅線價值相對提高，難怪小偷要動手。

終於了解事情，只好改變做法，在工廠內部設置大型碟形天線，確保衛星通訊品質。同樣是基礎設施，原本沒想到要花錢的光纖也必須舖設，才能保障穩定的通訊環境。

可見，前往各國進行投資，得了解當地民眾不同的價值觀、習慣與風俗，不能用自己國家的社會規範判斷。（新堀　克美）

第5章

工廠各部門人員的一天

5-1 工廠與企業組織的各種部門

工廠可說是以廠長為首的獨立組織，並與工廠外部各組織與部門，具有密切關連。

共同追求ＱＣＤ的工廠各組織

工廠上位組織的結構，不同企業可能有不同做法。下頁圖是事業部制度的組織範例與功能分類組織範例。在此介紹日本事業部制度的企業組織（參照次頁上圖）。

這種企業公司內部主要有兩大事業部門。

事業部門大致區分為營業部和負責產品開發與設計的技術部，以及負責生產的生產本部。生產本部負責人有時候也兼事業部的廠長。

生產本部下方，生產技術部的工作是，針對所開發產品，研究提高生產效率、降低生產成本的方法，還有引進適當的設備與工具，促進製造工作之完成。生產技術部的責任，主要是降低成本（Ｃ）。

生產管理部乃是主管負責管理生產量與交貨（Ｄ）的部門，必須按照客戶要求的日期與數量進行產品出貨。

採購部負責與外部機構或外面的企業進行交易，採購製造所需物料（零組件與材料）。採購課是實際進行這項業務的單位，物料管理課負責採購物料的點收、驗收與出庫等作業與管理。

製造部負責零組件加工、製品組裝與發送，是製造現場最重要的主管部門。次頁上圖的企業，加工課負責機械加工，特殊加工課負責電鍍與塗裝，組裝課負責機械部件與製品的組裝。收發課如字面所示，負責將產品送到自家公司的倉庫或客人手中。

品質管理部主管產品品質管理（Ｑ），必須針對零組件與製品建立各種檢查標準，並實際進行檢查。品質管理部經常必須處理消費者投訴（客訴），承擔產品製造者的責任（ＰＬ）。

由上可知，工廠乃是以製造現場為主，其他部門提供支援而形成。各部門雖有不同功能，但基本上都為達成工廠的基本任務ＱＣＤ（品質、成本、交貨）而努力。

一般企業組織：事業部組織範例

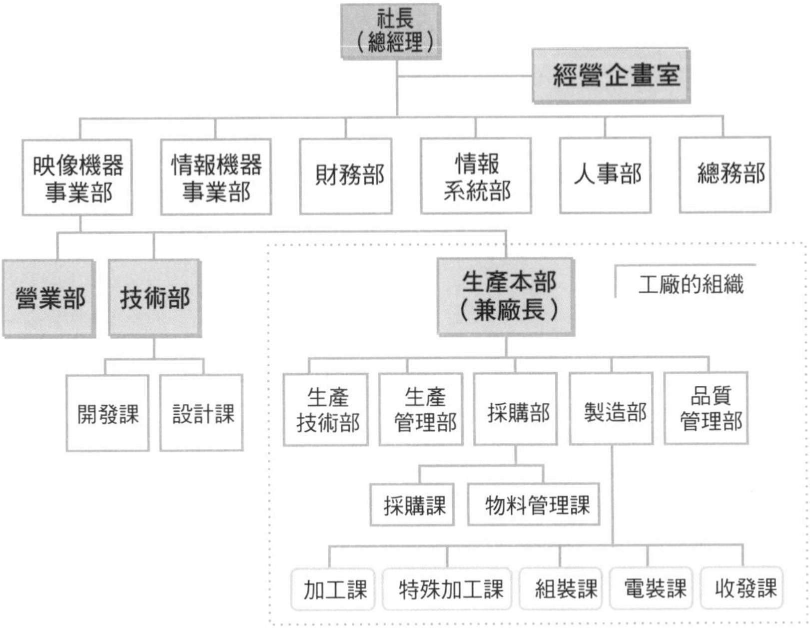

一般企業的組織：功能分類組織範例

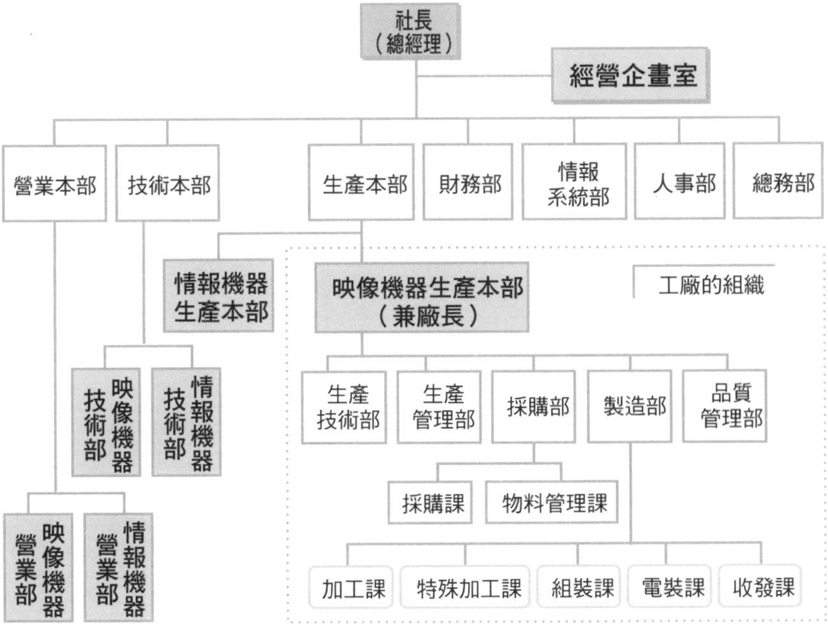

5-2

技術（開發、設計）部門的工作

技術部門開發工程師E先生一週的工作

E先生在電氣製造公司擔任產品開發工程師，工作上最重要的是不斷思考、開發消費者接受、喜歡的產品，結合先進技術，將產品製造出來。

E先生所屬部門目前所有員工都致力於開發新產品。E先生被分派負責某部件（新產品的一部分）開發與設計工作。

E先生每天早上九點上班後，首先瀏覽市場調查結果，徹底了解哪種產品較受消費者歡迎。知道市場調查的結果「輕薄短小的受歡迎」，E先生便想到一個「可以使用某種材料」的點子。開發工程師最重要的是提出創意，設計具有銷售潛力的產品。

E先生有了點子，立刻進行材料實用性探討。然後，關於什麼時候可開始使用那種材料，在哪邊進貨比較便宜，以及公司是否有該材料的加工設備等問題，都一一檢討，然後提出報告。

在此不可忽略的是，應避免產品對環境造成不良影響。即便客人喜歡輕薄短小的產品，若使用的零組件與材料會對環境與人體造成不良影響，還是得割愛。

午休結束後，將昨天開始檢討的試作品畫成簡單圖面，交給製造部的加工課長，希望加工課明天上午之前完成試作品。

工作順利進行，隔天試作品完成。接下來進行的是試作品評估工作。主要是評估所完成的個別試作品，機能與品質是否達到目標值水準。

技術（開發、設計）部門的工作範圍

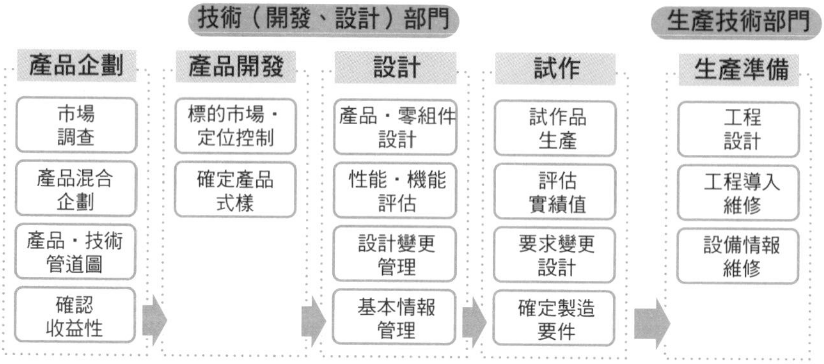

結果，E先生開發的試作品基本性能沒問題，只要設計上稍微改變就可量產。

於是，公司決定下週舉行新產品設計評估會議。這項會議通常會討論新製品是否符合客戶需求，能否為公司創造利潤，Q（品質）、C（成本）、D（準時交貨）等問題也必須確認可獲解決。

若評估的最後結果是，這項產品不適合量產，可能就有必要變更設計。經過一連串評估會議審核，只有最後通過的能放進生產線，做成產品銷售。

由於下週就要舉行新產品設計評估會議，E先生週末得加班，製作相關圖面說明以及試作評估資料。

加班時E先生心裡可能會想，「下週新產品能順利通過評估會議，下週末就可帶小孩去迪士尼玩了」。

5-3 生產技術部門的工作

生產技術工程師M先生的一天

M先生進公司已經一年，是電氣製品生產技術工程師。上司課長給的指示是「生產技術的功能與角色，就是希望所開發的產品品質更好、更容易製造，生產效率提高，因此必須設計出更好的生產方法」。

M先生和前頁登場的技術部門E先生一樣，目前都致力於協助推動新產品開發。

得到課長指示之後，M先生開始研究，進行新產品開發時，生產方法是採取傳統輸送帶做法，還是一個人完成全部組裝過程的單元生產方式？

最近，生產技術部門正在推動CE（同步工程）。生產技術工程師從開發的早期階段就開始參與這項工作，將製造面相關意見反映給設計人員。預期推動CE可縮短新產品開發時間，讓生產流程更順暢。

今天M先生預定的工作之一是，在技術部門E氏要求下，協助進行新產品試作評估。這項工作預定中午之前完成，M必須在會議中提出生產技術部門的意見。

午後預定完成新產品製造所需流程表（工序）。這張表的作用是，顯示製造新產品的過程，零組件應按怎樣的順序進行組裝。

針對製造方法M先生有點不知如何是好，便去請教這方面老經驗的製造部股長。股長給了不錯的建議，M先生立刻吸收，應用在工序表製作上。

M先生認為自己的生產技術部

生產技術部門的工作範圍

工程設計

設備導入維修	冶金工具設計	生產零組件表完成	製品成本企劃
設備情報維修	冶金工具製造	流程表完成	產品成本管理
	金屬模準備	作業標準書完成	作業生產性管理
		標準時間設定	
		工程作業時間設定	

門，功能與角色是技術部門與製造部門的中間橋樑。技術部門設計的產品直接拿到工廠製造，很容易效率不佳、不良品很多，成本因而提高。M氏清楚認知，自己的職責是解決這方類問題。

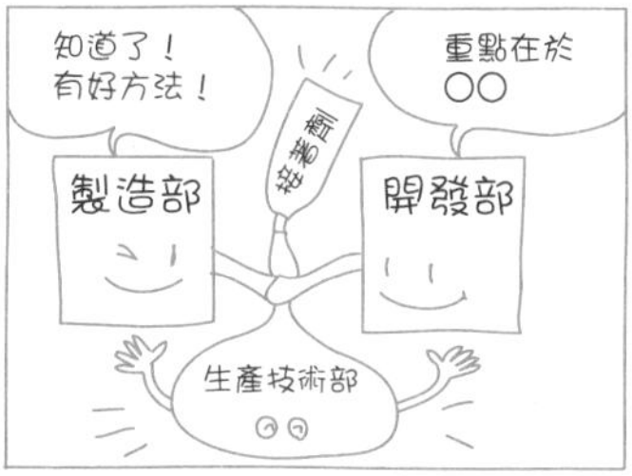

此外，M先生也了解，新產品開發完成，進行量產時如何改善製造方法、提升品質，也是生產技術工程師重要工作。

各部門原本都有自己的功能與角色，許多問題沒辦法靠一個部門就解決，必須密切合作。M先生平常就有這種觀念，因此，必要時他也會積極地對技術部門表達意見。反之，後段工程的部門也就是製造部門的人，製造方法有困惑時，也會來找M先生商量，或請教K股長這類技術專家。

預定下週一舉行產品設計評估會議，M先生將根據今天請教K股長的心得，提出產品設計變更提案。M先生相信，這項變更設計可大幅降低該項產品製造成本。今天他已針對這個問題，寫成希望設計部門稍微改變產品設計的「設計變更請求書」，完成後才下班回家。

5-4 生產管理部門的工作

生產管理部C先生的一天

C先生任職電氣機器製造廠，是工廠生產管理部員工。主要工作是產品生產量管理、交貨管理以及物料與產品庫存管理。生產管理工作必須處理意外與產品瑕疵，常常無法按照計劃進行。

C先生的工廠全部產品約三十種，C先生負責其中三種的生產量與交貨期管理。

今天是禮拜三，如往常，C先生必須給予製造部門未來一週的製造命令，C先生一上班就開始進行準備。傍晚五點之前必須將生產計劃平準化，如果無法建立情報系統，明天週四早上就無法完成給予製造部門的製造命令書。

工作很忙，一下子就已經十一點。此時，品質管理部H先生來電，提到C先生負責的某產品品質出問題而停止出貨，要求C先生去參加緊急對策會議。

C先生立刻前往會議室，出席的相關部門人員有八人。品質管理負責人說明，目前還不了解產品瑕疵的狀況。會議四十分鐘之後結束，達成的結論是，暫時停止該產品出貨二十四小時。

C先生便打電話給營業員的負責人，了解問題以及停止出貨時交貨給客戶的預估改變狀況。

這項作業完成時，發現午休時間已快結束。

趕緊吃點東西，準備繼續早上還沒完成的工作。到了下午四點左右，下週所需的製造輸入作業，終於完成。

接下來，必須對採購部門進行督促物料進貨的準備作業。此時，品質管理部

生產管理部門的業務工作範圍

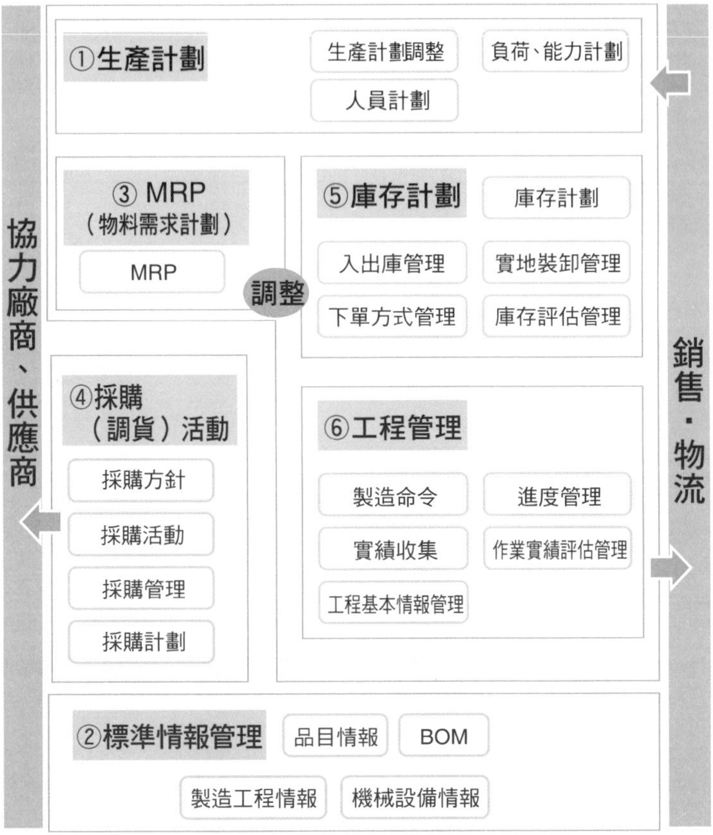

H先生傳 e-mail 來，說明停止出貨的該項產品瑕疵已了解原因，預估明天早上九點之前就可恢復出貨。

C先生立刻 e-mail 給營業人員，告訴對方明早就可恢復出貨。一下子就到了下班時間。所幸產品問題已經解決，今天不必加班，可以準時回去。但這時候採購部的K先生進來，說剛剛有協力廠商來電，說明天早上預定交貨的重要零組件來不及。C先生又得解決這項新問題。

C先生的工作突發狀況很多，但C先生認為自己擅長危機處理，適合這個職位。過去在同事協助下解決各種疑難雜症、順利出貨的經驗，讓C先生頗為自豪。

5-5 採購部門的工作

採購負責人K先生的一天

K先生在液晶顯示器製造廠採購部門上班，採購部門的工作主要是，客戶下單之後，配合公司生產線作採購所需物料與零組件。

工業生產需要相關材料與物料，開工之前必須完成備料，否則就無法順利生產，導致延遲交貨。

K先生的一天工作從下單的材料與物料進貨期管理開始。為了確保所需物料按照預定日期進貨，必要時必須事先督促供應商注意進度。

在此，K先生使用的是「催單系統」管理方法。其做法是，把物料的訂單按照交貨期前後順序排列，掌控其進度。通常，K先生會打電話給預定明天交貨的供應商，確認是否能如期交貨。若對方表示可能延遲交貨，則了解何時可以完成。

待督促正常交貨的業務告一段落，開始進行每個禮拜二A級零組件的發包作業。K先生的公司每個禮拜都會進行一次彩色濾光片等A級零組件發包作業。面板框等B級零組件，則大約每個月下單訂貨一次。

零組件的訂貨量有一套計算模式，首先必須將一天的使用量（消耗速度）與訂貨到交貨日數（交貨作業時間）等數據輸入電腦，計算出來。

實際下單採購時，必須針對不同對象分別打好訂單，用網路傳給對方。

趕緊吃完午餐，一直到下午兩點左右才完成發包下單工作。兩點之後預定和新的供貨商見面。

由於客戶希望液晶內側的背光明

亮度「再亮一點」K先生因此開始找尋，是否有符合這項要求的零組件供應商，今天便是和其中可能性較高的一家供應商見面。

背光明亮度和消費電力等規格、價格與交貨期乃至於出問題時的處理方式，都有很大關係。仔細查核對方的各種相關條件，討論完彙整結果，進一步從品質與成本的角度判斷是否該向這家公司採購零組件，然後撰寫報告，交給上司以及負責開發的同事。

K先生任職的這家公司零組件採購方針相當開放，「只要是好產品，向誰買都沒關係」。因此，不只國內廠商，K先生還會注意國外是否也有能提供高品質且廉價零組件的廠商。

採購部門的工作範圍

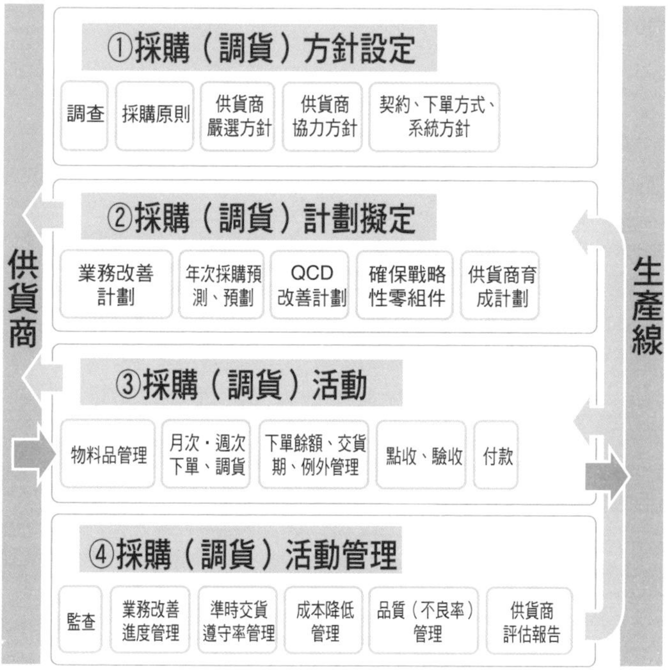

5-6

製造部門的工作

G先生任職機械製造廠的製造部門。G先生的工作主要是根據生產管理部門所下的命令，按照計劃進行產品製造作業，以及相關的管理。

製造部門班長G先生的一天

進公司已經第六年的G先生，目前擔任製造部門班長。該班有五名成員。

G先生上班之後，首先製作隔天準備進行的製造投入計劃。做法是，根據生產管理部門提出的一週製造命令，參考產品的製品存量以及作業者出勤狀況，進行本日的工作微調，確認隔日投入量多寡。

隔日投入量確定，就可擬定命令生產線「什麼時候、做多少什麼東西」的「製造投入計劃」。

接下來，必須收集實際績效狀況，所應了解的不只「什麼時候該製造多少個」的情報，還得掌握作業者的名稱、工程線名稱以及機械編號乃

至於原料使用時機等數據。近來資訊科技化（IT化）進步，這些相關情報可利用條碼等方式隨時掌握。

掌控實績之後還得查核計劃與實績的差異。然後，比較製品完了實績與交貨預定日期，就可知道能否準時交貨。若可能出現延遲交貨的情況，必要時得大幅調整作業順序，確保高稼動率，避免產品延遲出貨。

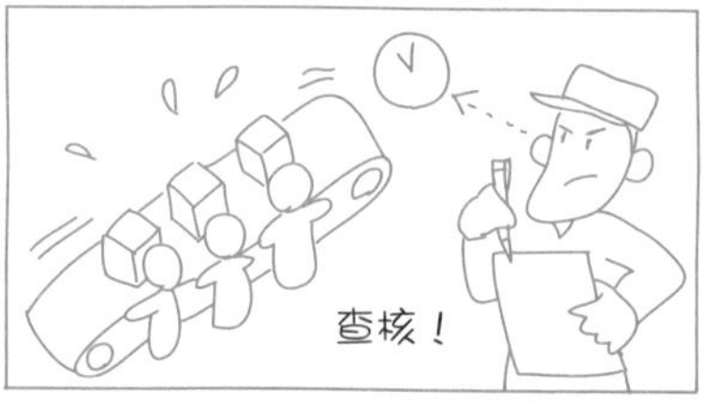

午休完畢，下午開始進行作業實績評估工作。評估作業實績有兩種指標，一種是相對於預定完成的數目，目前已經完成多少比例，也就是所謂的「完成比例」。另一種是實際作業所需作業時間。

根據這兩項指標掌握各製品的完成能力高低之後，寫成報告。

報告寫完，就可開始製作明天作業用的「作業命令書」。這部分工作主要是為了實現生產管理部門命令的製造業務，內容是「哪種作業應進行到什麼時間」。具體而言，主要就是決定明天班員應做什麼工作。這樣的作業稱為「人力調配」（dispatching，又譯為派令、工令）。

完成人力調配，G先生稍微鬆一口氣。然後他開始進行製造進度查核工作，結果發現班員Z作業太慢，便支援Z作業一個小時左右，讓Z恢復原來的進度。

下班之前G還得查核班作業員的作業日報，把必須交接給晚班第二班班長的事項，寫在記事簿上。完成這項工作，G就可準備回家。

製造部門的工作範圍

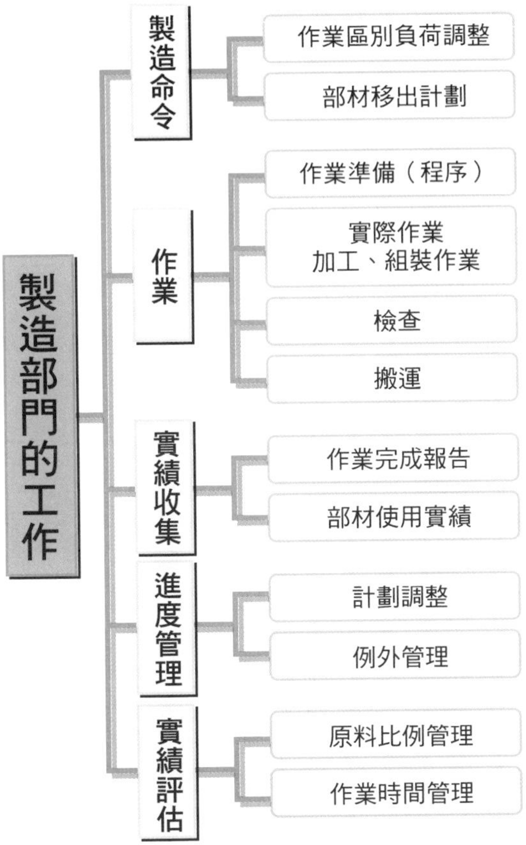

5-7 品質管理部門的工作

H先生任職汽車製造廠品質管理部門，擔任品質管理工程師。主要工作是確保產品與服務達到客戶要求的水準。

品質管理工程師H先生的一天

H先生是品質管理工程師，負責查驗組裝完成的汽車品質是否符合要求。H先生認為，品管工作絕不可馬虎，汽車品質不好甚至會出人命。

組裝完成車輛的查驗工程主要有四項，①底盤、方向盤、音響設備、窗玻璃是否能正常作動的室內檢查，②頭燈檢查，③確認引擎性能與煞車、速度碼表正常作動的走動檢查，④經過噴水隧道，確認車子不會漏水。

品管工程師分為日班與夜班兩班。本週H先生輪到日班，所以早上八點之前就到公司，上班後首先進行昨天的完成車檢查結果統計與分析。不同車種與不同檢查工程都必須累積檢查資料，了解其中是否有必須注意的問題。

都沒問題吧?
Yes!

於昨天的檢查工作發現，某款車的沖水測試出現異常報告。因此，H先生必須前往測試現場，確認檢查方法與檢查裝備是否正常，結果發現檢查設備與工程沒有問題。所以H先生推斷組裝工程出問題，便聯絡相關人員，向對方詳細報告沖水測試結果，並請對方調查是否組裝工程出問題。

是組裝出問題嗎?
有可能……

十一點之後開始進行新進檢查員教育訓練。內容是讓新進人員充分了解完成車檢查的目的與重要性，然後

品質管理工程師H先生的一天

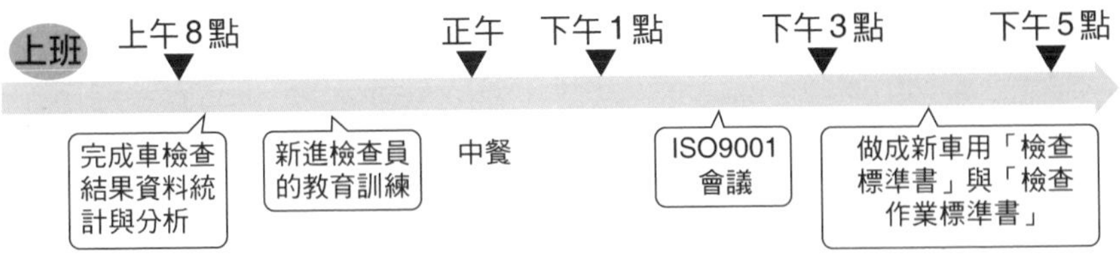

品質管理部門的工作範圍

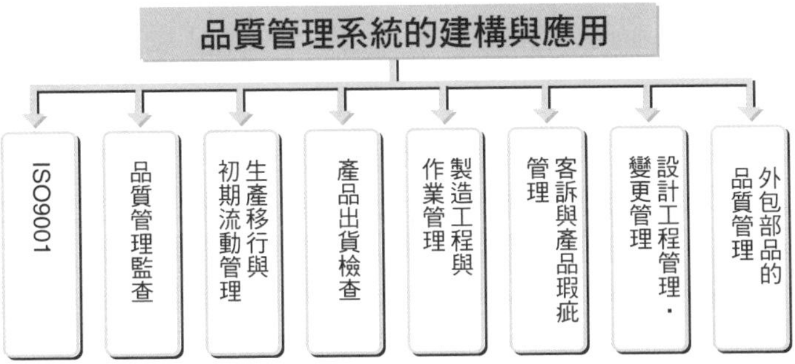

說明實際檢查方法。

午後出席ISO9001內部監查會議。H先生任職的這家公司兩年前取得ISO9001認證，之後仍必須定期針對公司是否持續按照檢查標準與作業標準實施相關檢查，以及檢查記錄是否正確做成並保存在指定場所等等狀況，進行監查。

會議結束接下來是做成新車檢查標準書與檢查作業標準書。H先生的公司預定不久之後推出新款休旅車，必須先制定這款新車該進行什麼檢查，在怎樣的狀態才算合格等的「檢查標準」。

設定檢查標準時，已經漸漸接近下班時間。所幸今天的裝置檢查沒有發現異常，預定的檢查工作都已完成。H先生告訴自己「明天應該可以完成新車檢查標準！」然後愉快地準備回家。

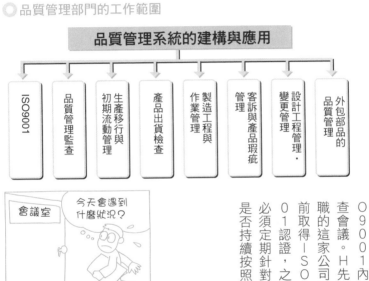

5-8

工廠廠長的工作

工廠廠長O先生一週的工作

O先生擔任高科技機器製造廠廠長。一週的工作從週一早上約見經理級以上幹部開始，還必須參加公司內部包括營業與開發等部門的各種會議。

工廠內各部門常出現意見相左或矛盾的狀況，O先生得衡量公司整體厲害關係，進行調整，以確保更高的客戶滿意度，提高QCD。

O先生每週二都會約見QCD相關部門負責人，接受本週工作狀況與未來展望的報告。

在Q方面，O先生必須注意成本，以及容易影響出貨量的產品「良率」問題，甚至是產品的未來展望。另外，客戶申訴內容之中起因於製造的問題，也不能忽略。

在C方面，O先生同時找來經理部門與生產技術部門主管，了解降低成本目標的達成狀況。O先生希望決定「產品如何製造」的生產技術部門，能進行成本控制管理。

D方面，O先生要求生產管理部門提出報告。報告的內容包括，有沒有客戶或營業的訂貨命令來不及完成的（交貨準確率），以及接單量、生產量的今後預估與對應方法。另外，容易影響現金流量的庫存狀況與今後展望等，也是報告內容。

週三營業部門A課長將帶一位預定成為新客戶的某公司技術部門負責人來參觀工廠。希望這次參觀能讓對方了解，本公司產品是以徹底優良管理製造完成的。O先生也希望利用這次機會直接了解客戶的需

工廠廠長關心的各部門狀況

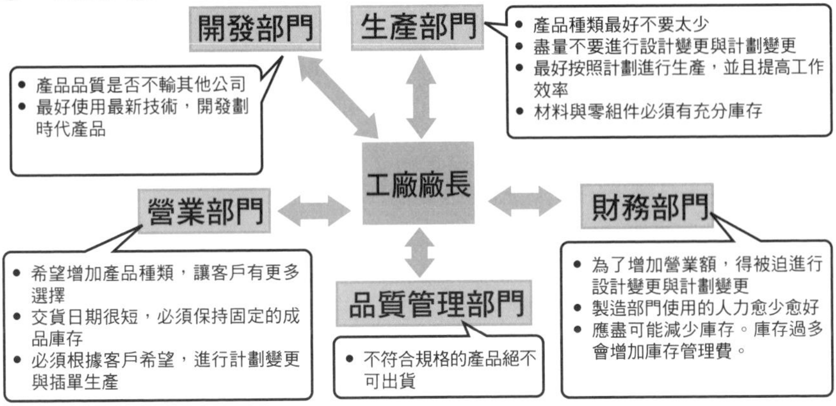
開發部門
生產部門
• 產品種類最好不要太少
• 盡量不要進行設計變更與計劃變更
• 最好按照計劃進行生產，並且提高工作效率
• 材料與零組件必須有充分庫存
• 產品品質是否不輸其他公司
• 最好使用最新技術，開發劃時代產品
工廠廠長
營業部門
財務部門
• 希望增加產品種類，讓客戶有更多選擇
• 交貨日期很短，必須保持固定的成品庫存
• 必須根據客戶希望，進行計劃變更與插單生產
品質管理部門
• 不符合規格的產品絕不可出貨
• 為了增加營業額，得被迫進行設計變更與計劃變更
• 製造部門使用的人力愈少愈好
• 應盡可能減少庫存。庫存過多會增加庫存管理費。

求。

這個禮拜三傍晚，預定在員工餐廳舉行三個月一次的工廠全體會議。會議主要內容是工廠目前運作狀況與未來展望，以及QCD狀況等等，將由廠長與相關部長一一說明。雖然開會時間不長，但可以直接和員工對話，O先生認為這是非常重要的會議。

那麼，今天的會議……

週四接受S副廠長前往中國出差的行前報告。S先生預定前往中國擔任半年前開始運作的新工廠廠長。一年前，決定興建新工廠，O先生就矚意當時擔任生產技術經理的S先生擔任將來的廠長，因此拔擢他出任副廠長，進行廠長教育與養成。

每週週四中午O先生都會進行他最喜歡的「午餐會」。參加者除了O先生之外，還有十名左右的年輕股長。O先生希望藉此機會了解年輕股長有什麼想法，需要什麼。除了聆聽之外，O先生也會直接說明，自己對員工們有何期待。

本週週五是半年前開始研發的主力新產品第一批出貨日。相關部門的重要幹部都將出席慶祝會。這項產品前不久還出現品質安定性不足的問題，但終於克服，順利出貨，O先生安心不少。週末看樣子可以享受已經中斷一個月的高爾夫球。

開會大家盡量講
好！

Column 5

檢查標準的軟、硬體問題

生產力較高的工廠多半能持續不斷改善作業工程，維持效率。不只自己工廠內部的工程改善，相關零組件供應商也予以嚴格要求。

特別是進行大量生產時，零組件不良不只影響產品的良率，還會導致生產線停滯，降低生產線生產力。所以，即使花點時間也無妨。與其在生產線上發現不良品，不如事先仔細檢查，確認所有零組件都是良品。換言之，零組件不能只做樣品查驗或抽檢，有時甚至必須針對所有零組件進行檢查（全檢）。

工廠進行生產的過程中，若發現零組件不良，卻無法確定哪些出問題以及發生的原因，就得被迫進行全檢。唯有如此，才能確保產品良率符合要求。

比如，某廠商同樣產品在泰國與匈牙利的工廠進行製造，採用相同供應商的零組件，兩家工廠的產品良率都有不錯表現。不可思議的是，進行零組件檢查時，挑出不良品的比率匈牙利工廠遠高於泰國工廠。

仔細了解其原因，發現兩個工廠的綑包與配送方法無顯著差異，檢查標準與方法也相同。

正在困惑之際，來匈牙利技術支援、業餘喜好攝影的工程師站在零組件查驗台旁自言自語。

「果然歐洲人的做法與眾不同。檢查用的顯微鏡，鏡頭竟使用蔡司鏡片！」

這無心的一句話當場讓公司派來的品質管理主管豁然開朗，說道：

「雖然檢查標準方面，我們事先指定了顯微鏡倍率與損傷形狀，但沒有指定使用什麼鏡頭，難不成是……」這才發現，原來，同樣進行零組件不良品查驗，匈牙利工廠因為使用鏡片精密度較高的顯微鏡，更能找出不良品。最後，這家企業的品管部門決定，全球各工廠進行該項零組件不良品查驗工作時，都使用配備蔡司鏡頭的顯微鏡。

從這個例子可以得到兩個教訓。

首先是品質標準不可太過鬆弛，但也不能太嚴格、硬梆梆。最重要的是確保產品品質，滿足客戶需求。

其次，建立檢查標準之際，不只注意管理方法與標準值設定等軟體層面的問題，還必須讓使用者乃至於裝備、器具等硬體面，都達到標準化。

（新堀　克美）

第6章 開發與設計部門的架構流程

6-1 從開發到新產品誕生的相關流程

所謂「產品」，無非就是掌握市場需求、具體製造產品的成果。

什麼是「市場需求」，以下讓我們以個人電腦為例進行探討。

企業內部員工製作文件、進行報告乃至於與公司內外人員聯絡、進行報告，都得使用電腦。

就娛樂面而言，今天許多人透過網路接觸音樂、影像乃至於各種資料圖表，甚至已習慣上網看影片、看電視。

就產品需求而言，不同使用者（客戶）會有不同的使用方式。

當然，可能也有人能設計出符合客戶所有用途與需求的電腦產品，但這種產品價格大概會很貴，而且對於一般客戶而言機能過多，用起來反而不便。

因此，進行商品開發與設計，必須仔細檢討，本商品所要吸引的客戶是怎樣的族群，希望符合客戶哪些用途。這樣的檢討就是所謂的「商品企劃」。

開發、設計的步驟

將商品企劃的結果反映給公司，並提出具體生產計劃，是開發與設計部門的工作。這類工作如左圖所示，前後順序可分為「產品企劃↓產品開發↓設計↓試作」四個步驟。

進行產品企劃，應根據商品企劃部門的要求，設定產品機能、成本與日程等開發目標。

其次，開發產品之際，應根據目標成本、要求機能等條件，具體決定產品的性能與品質。就個人電腦而言，最關鍵的可能是CPU、記憶體以及顯示器等的式樣設定。

具體設計工作則是根據產品式樣決定產品構造、形狀與使用材料，然後做成設計圖、零組件圖與組裝圖等，讓生產工作具體可行。

此外，在設計的階段，大體上已決定品質・成本與交貨期等大部分產品構成要件。因此，設計過程中通常會召集相關部門舉行產品設計審查會，配合設計進度反覆開會。這項工作又稱為「設計評估」。

最後製作試作品，並進行和最初產品式樣等目標值的比較評估。若發現性能與生產方法有缺點，應變更設計或進行相關修正，沒有問題就可進入接下來的生產階段。

新產品開發的過程與架構

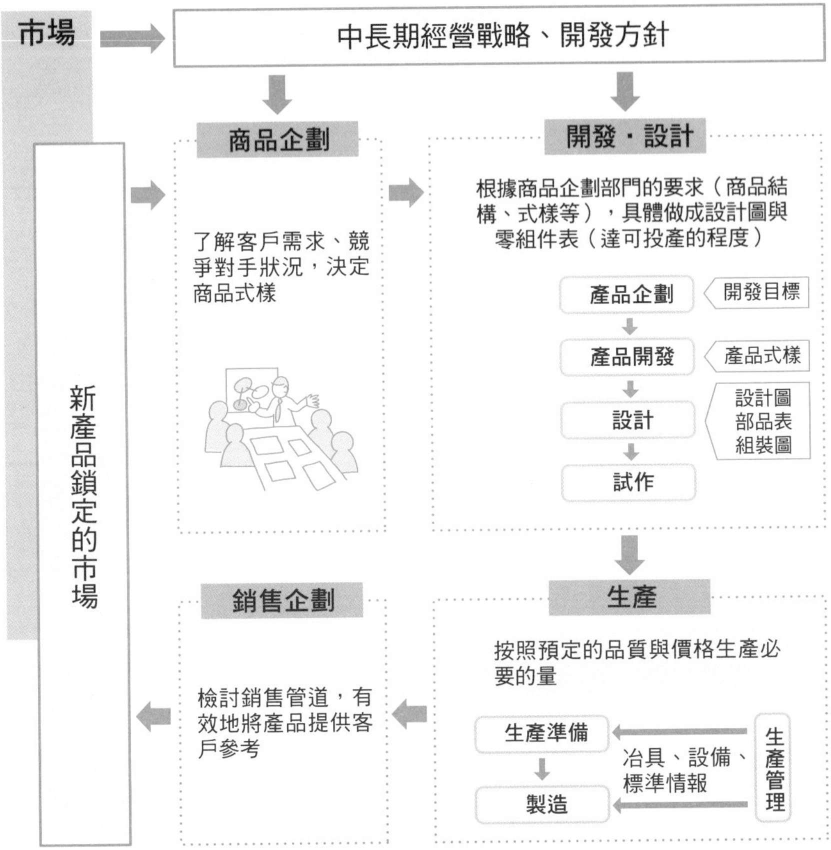

開發、設計與技術力

開發與設計工作簡單講就是，重點是針對鎖定的市場需求具體做出產品。要實現這樣的目標，生產技術能力當然不可或缺。

以個人電腦為例，愈來愈流行輕薄短小、資料處理速度的要求也愈來愈高，顯示器更是必須物廉價美。要達到這樣的標準，就必須有品質好、成本低的生產技術與零組件採購，產品在市場上才有競爭力。

6-2

開發與設計的重要性

開發與設計能力是產品有沒有市場競爭力、能否盡快推出的關鍵所在。

企業要持續生存，一定得提高利潤。提高利潤的方法無他，就是產品好賣、並且製造成本低於售價。

好賣的產品。基本上就是品質、價格（成本）、交貨與服務等方面，都不輸甚至超越競爭對手，還要符合客戶需求、得到較高的客戶滿意度。

產品一定要好賣，這是工廠員工一致努力的目標。目標確立，實踐上就比較不會有困難。

比如，產品決不可有任何瑕疵或故障。品質是產品的命根子，所以，從使用的原料、零組件開始，一切過程都得小心注意。基本上，能找到比式樣更好的材料與零組件，就更有機會做出更好的產品。

接下來的問題是，如何確保足夠的利潤。使用品質較好的材料與零組件，成本會因此提高。降低成本而使用次級材料與零組件，則為了避免最終產品出現瑕疵，得先試作，但這又會增加產品庫存，惡化現金流量。

然後，產品銷售狀況不佳，可能增加不良庫存，降低毛利率。

開發與設計的重要性

如何製造獲得更高客戶滿意度與利潤的產品，確實不是簡單的事，關鍵因素如左圖所示，產品要具有競爭力，條件之一是客戶提出需求時，必須盡快提供產品。給予參考。

因此，生產、服務與管理必須有效率，注意控制成本，做出讓客戶更滿意的產品（參照次頁圖）。要達成這些目標，最關鍵的是開發與設計部門。

開發與設計環境的變化

以電視機這種商品市場的環境為例，可以說已經和早期有非常大的改變。以往民眾買電視多半能看、價格合理就買，但現在映像管電視已失去市場，液晶電視、電漿電視與浴室用電視等產品種類繁多。

而且技術革新速度非常快，產品生命週期變短。

類似的情況，去年買的筆記型電腦，廠商可能已經停產。全球化潮流之下，產品的成本競爭激烈度，只會有增無減。

因為市場環境已經改變，開發・設計環境也產生很大的變化。

開發與設計的重要性

企業為了存活，必須隨時因應市場變化推出有競爭力的產品，而且上市速度也必須夠快

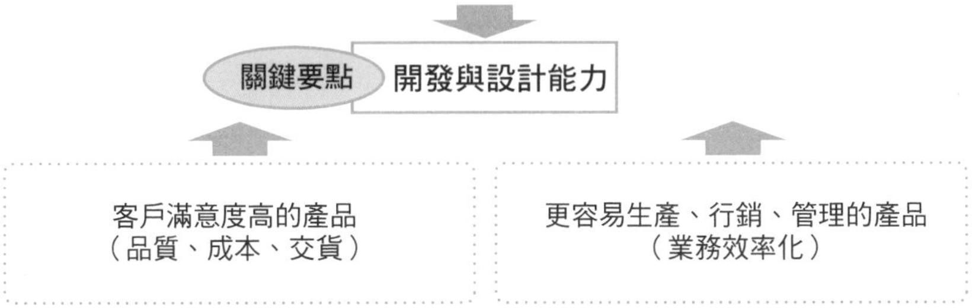

強化開發與設計能力的必要性

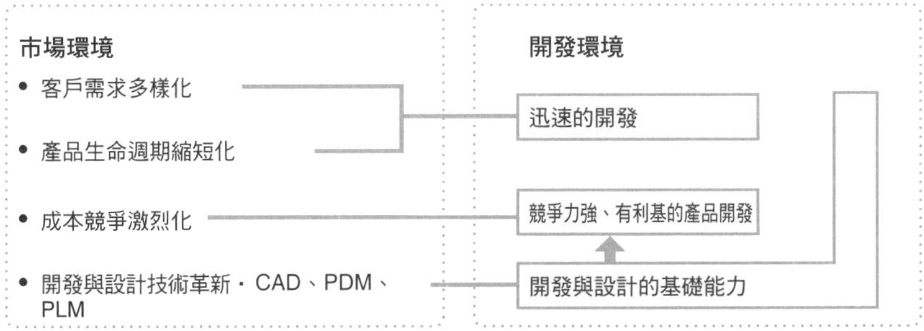

最簡單的事實是，需求多樣化與產品生命週期縮短，從事開發設計工作的人，得在更短時間內完成更多樣化的產品。

要因應這樣的情勢變化，從業人員必須引進CAD、PDM、PLM等情報管理系統的做法。

6-3 開發與設計的課題與因應方式

企業想提升產品利潤，生產等相關部門必須密切合作。

前述，企業要提高獲利，必須隨時因應市場環境變化，以最快速度推出新產品。

但說易行難，要做出ＱＣＤ品質、成本、交貨等條件更優、上市速度更快的新產品，其實是企業最頭疼的問題。

要解決這類問題，可參照如下兩種方法。

生產部門與相關部門密切合作

首先，生產部門與相關部門必須密切合作。

下頁上表乃是將瑕疵損失成本（trouble losscost）依照生產流程列出。瑕疵損失成本大部分都在上游開發設計階段就已確定，但通常發現問題的是下游製造與零組件採購等部門。

因此，在開發・設計階段，負責人應與產品部門、行銷、客服部門密切合作，建立更容易操作的加工與裝配方式，接納這些單位關於產品品質、成本、生產情報等的建議。

經過這樣的協調工作，就可大幅降低瑕疵損失成本。

同步作業

其次，可用同步作業方式縮短產品開發時間長度。

傳統工廠做法是，新產品開發按照開發→設計→試作的程序進行，前項作業完畢才展開接下來的作業（接力式：參照次頁下圖上段）。這種方式無法適應目前需求多樣化且產品生命週期短的市場型態，容易造成產品開發期間過長，錯失上市良機。

因此，應改採開發、設計、生產各種作業同步進行方式（橄欖球式：參照次頁下圖）。

採取這種方式可大幅縮短產品開發時間長度。

利用ＣＥ做法完成上下垂直整合

上述這兩種方式，也就是生產部門與相關部門密切合作並且同時作業，即「同步工程（ＣＥ）」。其做法是，開發與設計初期階段盡可能完成提高品質、降低成本與縮短交貨期等目標，縮短開發與設計時間長度。

ＣＥ的做法不只應用在公司內部，也可提供主要零組件供貨廠商參

瑕疵損失成本決定階段與發生階段並不相同

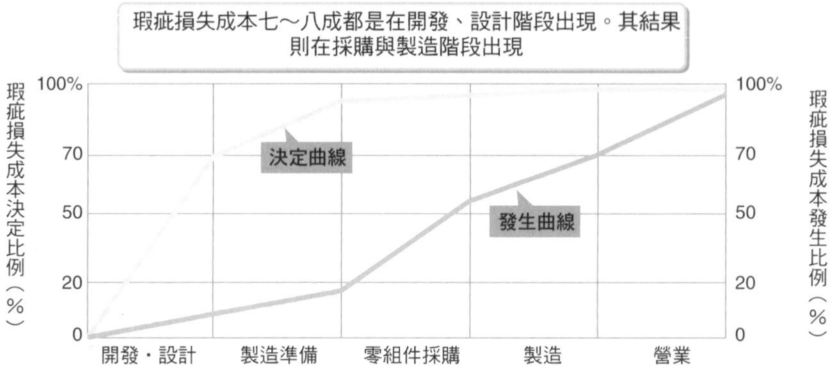

以同步作業縮短開發期限

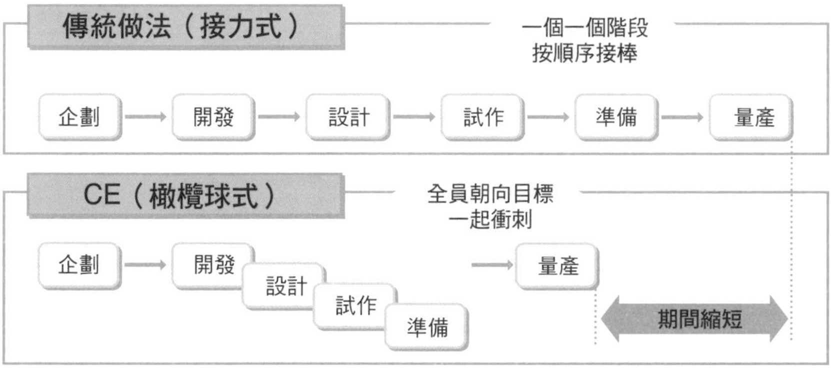

考。

另外，式樣以及三次元模型的CE參加者，可利用資訊科技分享、創造更好的CE環境。

實施CE做法，可更早建立量產體制，達成生產線上下整合，更迅速地推出產品。能在其他公司跟進之前先把產品做好，就可獲得更多利潤。

6-4

PLM產品生命週期管理

現代化工業產品壽命愈來愈短，產品生命週期的管理因此更為重要。

以個人電腦、行動電話為代表的現代科技產品，商品多樣性不斷提高，商品生命週期持續縮短。為了因應這樣的市場變化，企業想存活，就得更快做出符合客戶需要的產品。特別是多家廠商競爭時，能愈快做出符合市場需要新產品的公司，就可獲得更多利潤。

但問題是，產品多樣化以及生命週期縮短，一定會帶給開發與設計部門非常大壓力，時間緊迫，新的創意可能沒有足夠時間的驗證就推上生產線，結果因此產生設計瑕疵與成本損失。

結果，量產速度遞延，製造成本提高，公司獲利因此縮水。所以，如何更有效率地做出利基產品，是絕大多數現代企業最大課題。

開發與設計所需的架構

基本上，開發與設計部門必須注意以下兩點。

首先，開發與設計過程必須發揮組織統合力，與其他部門密切合作。其次，開發與設計階段必須注意新產品是否具有收益性的問題（收益性高的先開發）。

新產品生命週期愈來愈短，在此市場環境之下，產品收益性的問題就會更加重要。

具體做法是，建立縮短開發與設計時間、降低成本的目標，開發・設計部門在這方面有了成果，必須隨時回饋給其他部門，才能達成追求整體高收益的目標。

而且，這樣做可以在開發與設計階段就注意是否大幅超出預算，避免產品成本過高的風險。

PLM的必要性與基本架構

基本上，產品生命週期從產品企劃階段開始，包含開發與設計↓生產↓行銷↓維修↓停止生產，整個架構流程必須達成收益目標，企業才能生存。

這就是所謂的「PLM」（產品生命週期管理），許多先進企業引進這種做法，而其中最關鍵的就是開發與設計。

如左頁圖所示，就整個系統結構而言，PLM乃是以PDM為核心，加上SCM、ERP等次系統，建構

實現 PLM 的共有化情報

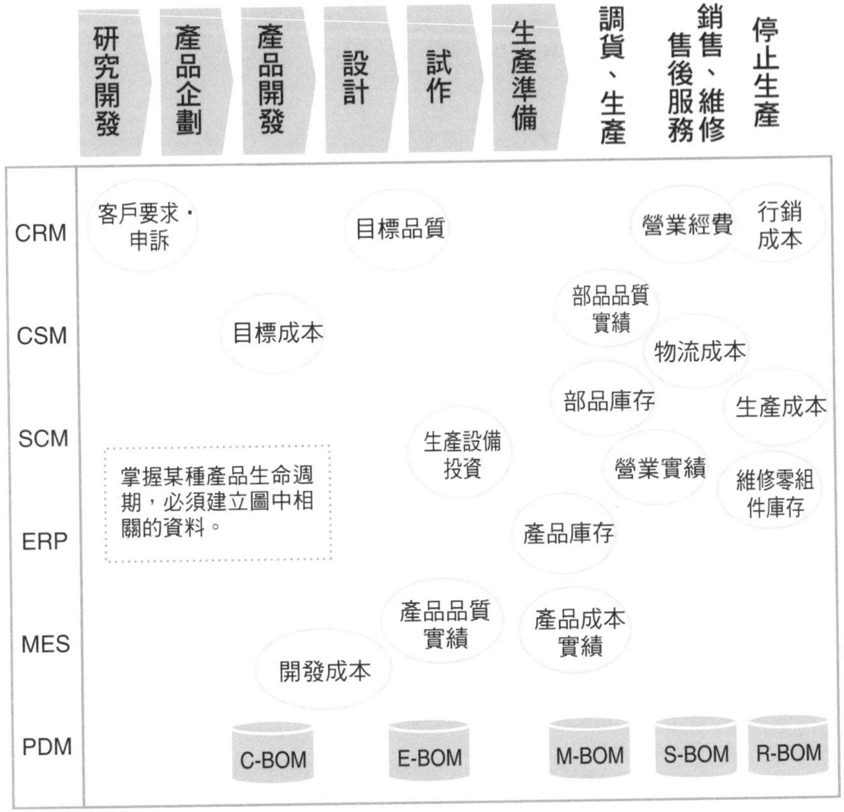

- CRM 客戶管理關係（Customer Relationship Management）。
- CSM 客戶供應管理（Customer Supplier Management）。
- SCM 供應鏈管理（Supply Chain Management）。
- ERP 企業資源規劃（Enterprise Resource Planning）。
- MES 製造執行系統（Manufacturing Execution System）。
- PDM 產品資料管理（Product Data Management）。
- PLM 產品生命週期（Product Lifecycle Management）。

形成「共享產品相關情報」。

若能有效整合、讓這種系統發揮效用，從研究開發階段到生產終了為止的產品生命週期，就可實現更高品質的收益性管理。

Column 6

日本百元商店的震撼

企業要學習持續降低產品成本的方法，不妨前往日本百元商店（在此指「日圓」）參觀。這種商店從日常用品到玩具，所有種類的產品全部賣一百元，令消費者驚豔。

大型百元商店為了持續給客戶新鮮感，據說每個月都會開發七百種新商品。

商品賣價固定一百元（最近也有部分超過一百元），卻還能維持獲利的祕密何在？

首先，百元商店向供貨商大量採購，因此，降低成本。雖然產品單價壓低，但因為數量龐大，只要廠商壓低成本，還是有利可圖。

幾乎日本所有百元商店的產品都在國外生產，用貨櫃送到日本再進入百元商店。日本人在百元商店每個產品花一百零五元（五元為消費稅），但事實上，這些產品在國外工廠的製造成本，可能只有幾十元而已。

產品成本之所以能壓低到這種程度，主要有以下三種原因。

①百元商店大量購買，造成量產效果。

②使用便宜的製造材料，產品結構簡單化（比如使用塑膠、一體成形）。

③在工資與人事費用低廉的中國與泰國等工廠生產。

要壓低產品成本，企業與廠商都得想盡辦法，只靠上面這三點未必能降低成本。但不可忽略的是，希望降低成本以及實現這種觀念的「人」。

只有企業、工廠經營者以及員工有強烈的降低成本觀念，才可能達成降低成本的目標。

能降低成本的工廠，內部幾乎都有被稱為「成本達人」、嚴格要求降低成本的人物。不只會注意產品結構、製造方法乃至於材料價格，所有環節都嚴格地要求降低成本。

在這樣的要求也就是降低成本目標之下，除了設計部門，製造部門與零組件業者，都得挑燈夜戰、緊張兮兮。當然，有人會受不了，但在「成本達人」堅持之下，最後還是得屈服，因此才能把產品做出來。所以，這種工廠競爭力就會特別強。

（篠原　忠晴）

第7章 生產管理的架構

7-1 「生產管理」主要做什麼事？

生產管理的重點在於QCD，目標是讓生產活動平衡地進行。

QCD是什麼？

生產管理工作有一個重要專有名詞，那就是QCD。

所謂Q(Quality)指的就是品質。所謂品質，一般人都會先想到「耐用」，但事實上，「好用」、「機能優越」以及讓使用者感到舒服等等，也是品質的一部分。

C(Cost)指成本。經營工廠能否獲利，材料費、人事費用以及投資設備費用，都是重要成本。

D(Delivery)指交貨或配送。在此不只必須注意按期交貨，數量也不可少，因此，有人將這裡的D稱為「數量與交貨管理」。

QCD是經營工廠理所當然必須注意的問題、大部分經營者都希望三者全部做好，但事實上要達成這三項目標，過程中可能會遇到許多問題。

主要是因為，QCD三者容易相互牽制，做到這項要求，另一項要求就不容易達成。

比如，為了避免做出不良品，有的工廠會反覆測試、結果導致交貨時間延遲，人事費用等成本增加。

所以，追求達成高QCD的目標，讓三者得到平衡，是生產管理非常重要的工作。

關於QCD的問題與課題

生產管理無法發揮機能，就可能產生下列問題。

- 經常交貨延遲，客戶抱怨連連

- 客戶下單時無法給予確定的交貨時間

- 無法承接急單
- 產品與部材庫存太多
- 工程作業時間太長
- 計劃經常改變，無法確定從什麼地方開始推動
- 經常出現原料或零組件缺貨的狀況
- 生產線工作量分布不均，有人無事可做，有人忙到常常加班
- 不加以督促，生產線就停頓
- 不知道該保持多少安全庫存量
- 帳簿和現品不合
- 出現太多呆料與廢料
- 成本壓不下來
- 品質缺乏穩定性

之所以出現這些問題，典型的原

因與課題有下列幾項。

- 以預測基礎進行運作的部分，和根據實際需求進行運作的部分，容易混淆不清
  - ・如何進行預測？
  - ・設備與物料如何分配？
  - ・誤判的部分應如何解決？
- 相關人士應密切合作
  - ・相關部門的訊息傳遞方法
  - ・必要時應徹底改變做法
- 常出現突發狀況
  - ・生產設備故障或員工請假
  - ・零組件不良
  - ・設計變更
  - ・需求狀況突然改變
- 現狀難以掌握
  - ・無法掌握正確的庫存狀況
  - ・無法掌握生產進度

如何讓生產活動保持高效率

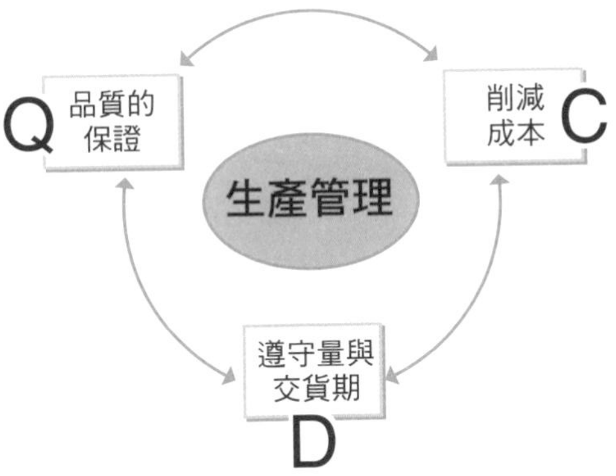

生產管理的機能體系

1　生產計劃、其他計劃

主要是關於產品生產量與生產時期的計劃，以及其他機械、設備與所需員工的計劃等。

2　標準情報管理（基本情報管理）

針對與品目情報、產品構成情報、製造工程有關的情報、機械設備相關情報等等可以作為生產管理標準情報，進行管理。

3　MRP（物料需求計劃）

為了製造預定數量的產品，必須根據生產計劃情報、製品構成情報、庫存情報等，訂出物料必需數量與時程的計劃方法。

4　採購管理（調貨管理）

進行生產活動必須控制從外部取得適當品質的物料，不可過量，並且必須符合成本。

5　庫存管理

產品所需重要物料必須維持安全庫存，以便必要時能提供必要的數量。

6　工程管理

掌握生產工程的進度狀況，隨時調整每天的生產相關活動，讓生產活動順利往前推動。

7-2 銷售、生產與庫存計劃

以有限的工廠生產設備與能力，因應市場快速變化，必須維持適度的庫存。

銷售與生產的緩衝

客戶需求總是不容易預測。即便已經確定的訂單，也可能出現變化。經營工廠如何因應這類變化、提高客戶滿意度，是經營能力高低關鍵。生產管理者絕對不可推託責任，認為「只要員工拼一下就可解決問題」。

正確的做法是，銷售部門與生產部門建立「產品庫存」的緩衝，才能因應各種變化。事先準備產品庫存，接到客戶急單就可應付。而有能力接急單，代表這家工廠競爭力更高。

保留適度的「產品庫存」，也可避免工廠生產線受急單干擾，保持作業穩定度。銷售部門與生產部門合作決定適度庫存量，一般稱為「生產銷售庫存計劃」（參照第4章第2節），是製造業重要管理方法之一。

庫存計劃的擬定方法

那麼，擬定庫存計劃應依照怎樣的順序？

首先，必須由銷售部門根據市場銷售狀況、過去的銷售成績，以及到前次為止的計劃與銷售目標額，決定不同產品項目與時間的銷售計劃。

然後，考量目前庫存與工廠生產能力，決定期別庫存量計劃。此階段計劃基本上表達的是銷售部門期望，尚未參考生產部門意見。

至於生產部門則根據過去的計劃、生產時機以及生產設備的擴充計劃等，算出不同產品項目與時間生產能力。下頁庫存計劃檢討範例，調整銷售計劃與庫存計劃，提早進行生產，即可無須提高生產能力。

除了這種方法，還有必要檢討「是否該改變銷售計劃」、「是否該改變庫存計劃」、「是否該提高生產能力」等問題。這項銷售計劃也是預測值。「庫存」目標在於「預防出現不時之需」，因此，不應為了提高庫存而撐滿生產線。

不論是哪個部門的計劃，都必須有緩衝空間。最重要的是各部門進行計劃時，必須相互照會、取得對方同意。以下是進行計劃時的作業技巧。

● 計劃循環

許多計劃都是三個月或每個月擬定一次，因此，可以每個月兩次或每週舉行計劃檢討會議。檢討時必須重視精確性，否則即使縮短計劃循環時間也沒有意義。

● 計劃整合

銷售部門訂定價格的小組，和製造部門掌控主要零組件與解決瓶頸工程的小組，應共同組成立推動庫存計劃的單位。

● 責任與角色劃分

銷售部門能按照計劃銷售，製造部門按照計劃製造，基本上便是合格。

銷售與生產之間的緩衝

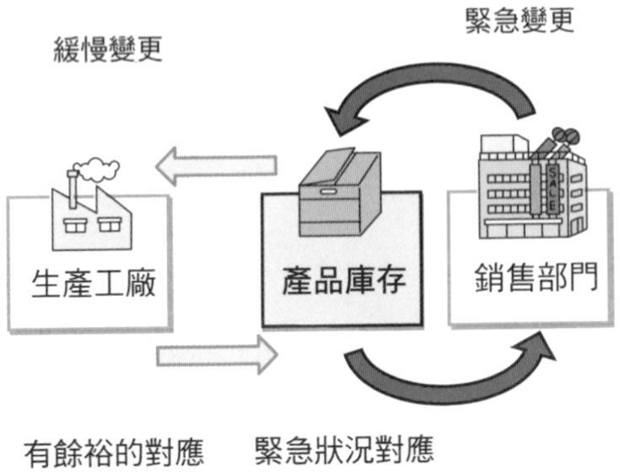

庫存計劃的檢討範例

第一期預定生產銷售計劃數＋庫存＝ 40 個。
第二期銷售計劃 30 個之中 10 個，使用第一期的 10 個庫存。
因此銷售計劃預定生產 20 個＋庫存 15 個，合計 35 個。
利用同樣的方法計算剩餘庫存。
第三期的生產計劃已超出生產能力，因此必須適度調整。

期間	1 期	2 期	3 期	4 期
銷售計劃	30	30	35	35
庫存計劃	10	15	25	20
生產能力	40	40	40	40
生產計劃	40	35	45	30

如下表所示，第三期超過生產能力的 5 個，提早放到第二期進行生產。

期間	1 期	2 期	3 期	4 期
銷售計劃	30	30	35	35
庫存計劃	10	20	25	20
生產能力	40	40	40	40
生產計劃	40	40	40	30

7-3 工廠進行的作業與能力計劃

實施生產計劃之前，相關的項目與數字須予以細節化。

生產銷售與庫存計劃通常以月或週為單位，但實際進行計劃時，有時必須詳細分解到以日乃至於以班為單位。

計劃項目也必須細節化，從產品表格到實際生產的產品「品名」乃至於「產品號碼」，愈仔細愈好。

擬定計劃方面，同時應針對計劃層次與等級，進行不同產品所需量計劃與作業量計劃，才能順利地整合必需物料的分配計劃與製造能力（參照次頁上圖）。

什麼是「標準生產計劃」？

產品水準的詳細計劃稱為主生產計劃（MPS）。若要製作主生產計劃，首先必須將生產時期與生產項目仔細列出來。

將月計劃分解成日程計劃時，可以算出每個月的稼動日數。但接著並不是只按照產品集團水準，用生產台數除以日數而已，而是必須考慮每天的作業量與平準化，才能擬定具有可行性的計劃。

其次，細項產品號碼上應簡單說明產品群展開的方法（參照次頁中段圖）。例如，產品群A如果是A1、A2、A3三種產品模型的總稱，應先準備如左圖「計劃圖表X」的表格，如此就可算出每個月使用幾%以及每個月生產的數量。

比較複雜一點的是「計劃圖表Y」。以汽車為例，其基本結構和產品A群具有共通性，選擇式樣則看是要搭配哪一種，以及是否有追加式樣而有所不同。

基本結構為一台搭配一個，故一百台搭配一百個。追加式樣也很單純，每一百台有三十台搭配衛星導航設備。

選擇式樣方面，每一百台計劃生產一〇五種。換言之，多出五種當作彈性空間，至於與計劃總數之間的差距，則在前一個月就進行調整。

什麼是「能力計劃」？

在初估產能能力計劃之中，把MPS當作輸入而算出每個主要設備的總作業量，然後進行日或班的分配，與標準生產能力作比較，稱為「負荷累積」。

此外，將超過生產能力的部分用

作業計劃與能力計劃之關係

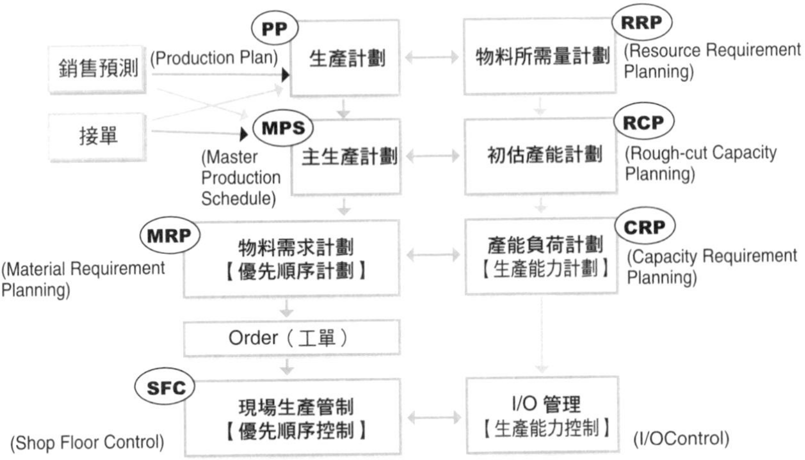

產品群計劃圖表舉例

- 計劃圖表 X

產品 A	1 月	2 月	3 月	4 月
A1	50%	45%	50%	40%
A2	20%	25%	25%	30%
A3	30%	30%	25%	30%

- 計劃圖表 Y（以汽車為例）

產品 A		
基本構造	車身	100%
	引擎	100%
選擇式樣	手排五段變速	25%
	自排五段變速	45%
	自排四段變速	35%
追加式樣	衛星導航	30%
	MD 立體音響	20%

考慮每項產品作業量的能力計劃

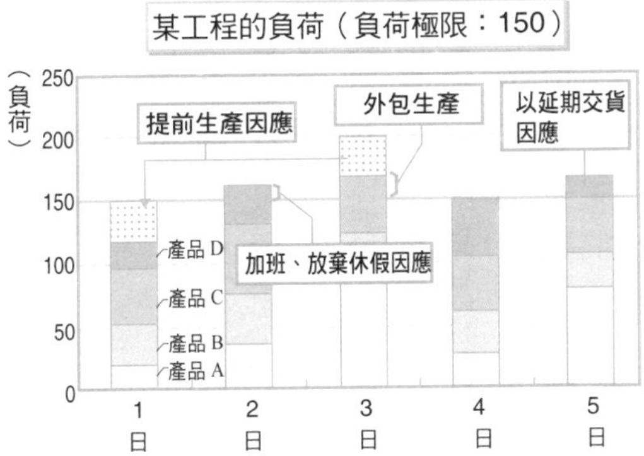

提前生產的方法進行調整，稱為「去化訂單」。去化訂單的方法，主要有如左圖圖表的做法。

7-4 什麼是生產管理的標準情報？

主要包含產品定義相關情報以及製造方式相關情報。

什麼是「標準情報」？

從事工業製造最重要的是確認「製造什麼，做多少，什麼時候做好，如何做」，因此需要一些基本情報。最主要就是「變動情報」與「常態情報」。

基本上，「何時製造，做多少個」的問題，會隨客戶不同日期的下單以及銷售預測狀況變動。至於「如何製造」基本上屬於產生固有情報，不太會經常變動。這種常態情報稱為生產管理標準情報。

標準情報又分為兩種。

首先是顯示該產品內容與特色的產品定義情報，比如這種產品由什麼零組件或材料做成等等。

另一種是關於如何製造，也就是與製造方法有關的製造工程情報，包含製造順序、使用工具與設備等等的情報。以自動原子筆為例進行說明。

拆開自動原子筆，可以發現軸分為上下兩部，裡面則有筆芯與彈簧。自動原子筆大致可分為軸上部與軸下部，以及彈簧、筆芯等四個零件。

產品定義情報與製造工程情報

這項情報的表記方式如左圖中階層模型，一般又稱為「零組件表」或「BOM（物料表）」，又名為「產品構成情報」。

針對個別零組件的詳細情報，整合在稱為「品目情報」的另一種情報之中，比如，彈簧不會受原子筆軸顏色以及墨水顏色影響，都使用相同種類，其長度、厚度與強度等詳細狀況並非「構成情報」的一部分，因此記錄在品目情報之中。

接下來將原子筆組裝起來。

首先將筆芯插入彈簧（工程1），然後插入軸下部（工程2）。確認彈簧能順暢作動，再把軸上部鎖進去即可（工程3）。

記錄這種順序的情報稱為「工程情報」。左下圖顯示的是作業應從什麼地方按順序開始進行。在這個例子之中，雖然沒有敘述使用工具，但一般而言還是需要螺絲起子或老虎鉗乃至於更大的機器設備。

另外，各工具與設備的詳細情報，記載在「設備、裝置情報」之中。

規模工廠擴大之後，若只有熟練者才能掌握基本情報，工作效率就無法提高。

若要以電腦正確且迅速地進行必要部材的分配與作業命令，重要的前提是建立完備的標準情報資料庫。

構成原子筆的四種零組件

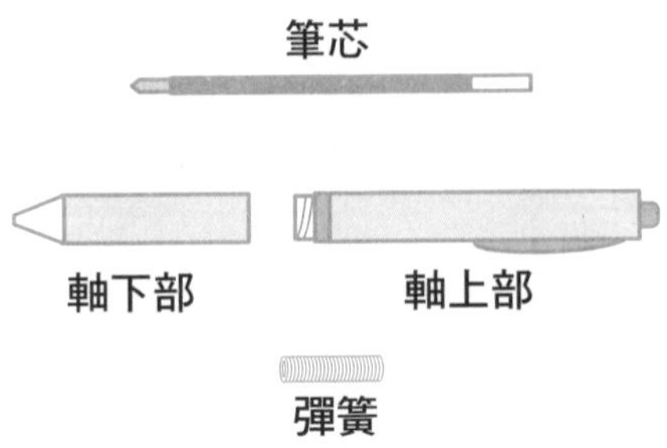

原子筆的零組件表

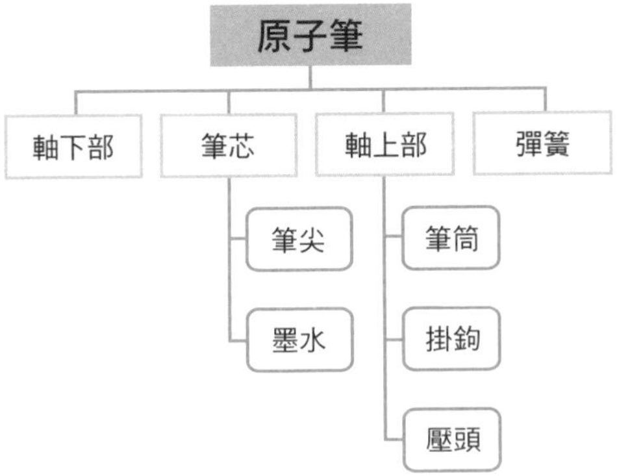

製造工程情報

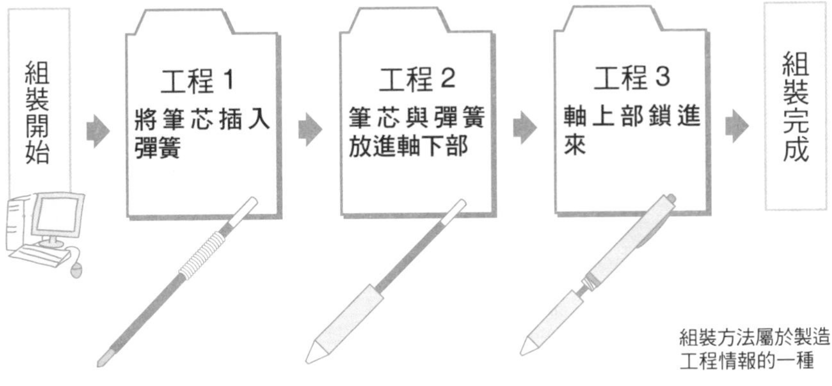

組裝方法屬於製造工程情報的一種

7-5 什麼是MRP？

以物料、零組件為中心進行思考的計劃法，最終還是需要人的判斷。

MRP的結構

所謂MRP（物料需求計劃），就是根據產品的標準生產計劃，計算零組件與材料分配情報的系統或概念。

工廠整體上必須先計算個別的零組件需要量，在零組件使用對象不固定的情況下進行庫存管理。

根據這樣的概念，六〇年代美國IBM公司發展出一套生產管理情報系統（PICS），次系統便是所謂的MRP套裝軟體，後來成為全球工廠物料管理主要方法。

MRP的運用方式

要正確運用這套系統，首先必須確認已經擬定產品層次的主生產計劃（MPS），定義產品的情報已經以零組件表的形式當作階層的數據進行物料管理（BOM又稱物料清單、料表）。然後，還必須正確掌握物料的庫存量（物料管理）。

任何情報都是生產管理所不可或缺，但實際上，情報齊備活用MRP的工廠不多，原因可能是「難以掌控正確庫存」、「雖有物料管理表，但對於MRP而言，派不上用場」，「需求預測亦不可靠，無法擬定正確的生產計劃」等等。

然而，庫存必須精確掌握，物料管理表也需要。只不過，生產計劃終究只是預測，因此極端而言，MRP的結果只是一個計劃，並不可靠。

重點是，MRP可確保建立整體都同意的需求預測，根據這項預測去統整計劃。換言之，有了MRP，需求與供給更容易保持平衡。

如何因應變化

即使做了計劃，實際訂單的交貨期與數量，還是可能變化。此時，針對MRP的結果，哪個地方有變化應加以掌握，進行管理，配合變更小幅度調整，這點非常重要。

MRP 的基本概念

所謂 MRP，就是建立一套計劃，讓供給與需求正確地達到平衡。

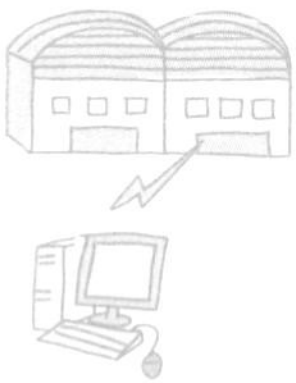

MRP 的統計方法

MRP 從 BOM 物料管理表由上而下，從過去往未來，進行垂直方向與水平方向計算。

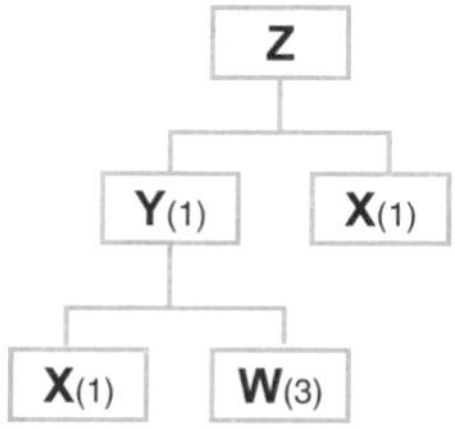

※（　）內的數字代表使用數量

期間		1	2	3	4	5	6	7	8
Z	總需求量								20
	期間別庫存								5
	訂單需求								15
	預定產出定單						15		
Y	總需求量						15		
	期間別庫存						10		
	訂單需求						5		
	預定產出單				5				
X	總需求量				5		15		
	期間別庫存				10	5	5		
	訂單需求						10		
	預定產出單				10				
W	總需求量				15				
	期間別庫存				10				
	訂單需求				5				
	預定產出單		5						

假定　交貨期都設定為兩週

MRP 的功能

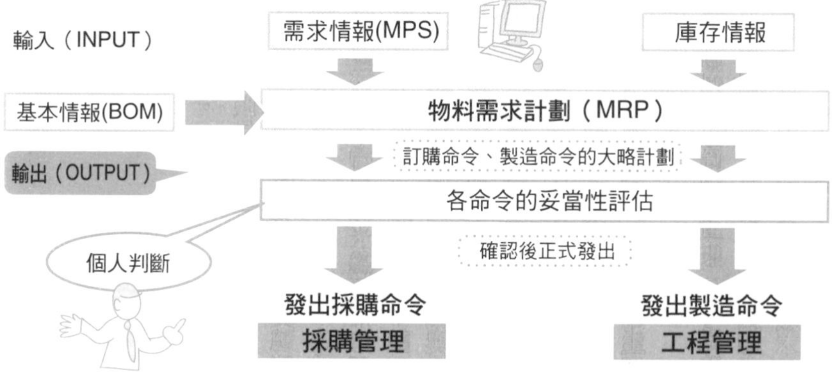

MRP 的結果應用在採購管理與工程管理上

7-6 編號管理與追號管理是什麼？

這兩種管理都是以產品為中心的管理方式，會受產品特性與接單條件影響而改變。

以產品為中心的管理方法

MRP乃是以零組件為中心的管理方法。相對的，編號管理（又稱製號管理）則是以產品為中心思考的管理方法。

從零組件表（物料清單）末端品名（品目）到產品為止，將下單、庫存與組裝等過程，分別用「編號」進行標籤管理（個別接單時，則讓客戶訂單與編號一對一對應）。

所謂「追號」（追蹤）管理，就是從生產一號機開始，按順序編號的做法。最後的號碼必須和累積生產台數一致。「追號」的意義幾乎與編號相同，而不論追號還是編號，有時都不會一台一台，而是每個生產批次。不同產品接受訂單之際，有時就可從設計的階段就個別進行。

例如，核能發電廠建築工程、大型郵輪建造以及高樓大廈建築等個別下單的產品，編號管理當然有效。

除此之外，來自官方政府的訂單，通常採取編號管理，有些還會要求，從作業到物料分配為止，都必須進行貼標籤管理方式。此時，當然必須使用編號管理。

總之，根據不同用途、貼不同的標籤，「管理」意義是相同的（參照次頁上圖）。

與MRP管理方法差異之處

MRP希望共通零組件都統整管理，但編號管理即使有共通零組件也不可彼此佔用。

許多人不知道，事實上編號管理常利用零組件表列出必要零組件，這種做法和MRP並不相同。也就是，這兩種管理方式的根本差異在於，MRP強調個別零組件管理，編號管理的重點是利用標籤進行產品管理。

因此，兩者並沒有優劣之分，而是必須根據產品特性與接單條件適度改變。所謂管理就是必須靈活運用不同特性與條件，即使相同的產品也可能有時使用MRP，有時使用編號管理，交叉進行。

編號管理與 MRP 的比較

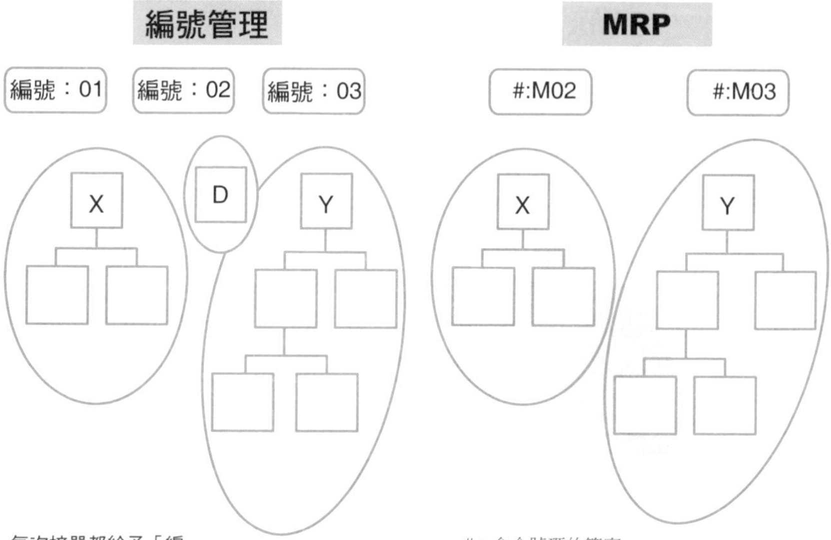

每次接單都給予「編號」，各工程與物料就進入「被鎖定」狀態

#：命令號碼的簡寫
M：作業命令的簡寫

編號管理與 MRP 的管理內容比較

編號管理

從零組件表（物料清單）末端的品名到產品為止，都用同一個編號進行貼標籤管理

個別接單等情況下，客戶訂單和編號是一對一

①產品的實際成本計算方式比較單純
②和客戶下單連結，較容易進行進度管理
③較易進行設計變更後的零組件切換管理
④若出現外部混亂狀況※，（在不同編號之間）更換共通品名比較繁瑣

※指接單變更（取消、變更數量）或變更設計

MRP

不同品號按照訂單號碼給予編號，發出順序工令

①共通品名發出順序工令之際，進行統整※
因此，就不需要如編號管理一樣進行抽換處理
②進度管理終究得以工令為單位而進行，從客戶訂單的觀點，有時很不容易掌握
③產品的實際成本計算方式比較複雜

※必須考慮必要的日期、最少下單量、訂單間隔期間等進行處理，所以得看實際情況而定

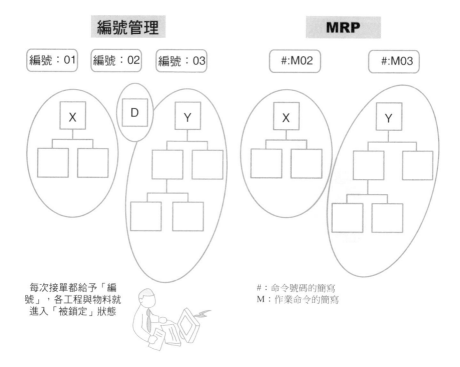

7-7 有效掌握、分配物料的採購管理

採購管理主要目的在於，更有效完成交易。

購買活動的觀點

所謂採購管理，就是購買生產所需物料、零件、製品、消耗品、服務等時，在「必要的時候（按照交貨期限）」，以「更便宜的價格」取得「更好的東西（高品質物料或先進技術）」，並且建立能穩定調度資源的體制。

也許有點小題大作，但進行採購的動作其實包含以下幾種重要性，值得深入認識。

● 對公司獲利具有很大貢獻

許多人粗淺地以為，只有銷售與生產才能創造利潤，但事實不然，就降低成本而言，採購業務也可發揮很大貢獻。換言之，物料採購價格可決定最終產品獲利優劣。

● 物料在成本之中佔相當大比例

一般而言，製造業的主要成本有以下幾種：

物料費60～80％
勞務費10～30％
經營管理費，30～40％

● 生產活動的第一步

物料調不齊，生產線就無法開動。原物料與零組件等是否能順利調集，對生產活動有很大的影響。

左頁上表是採購管理項目一覽表。採購管理不只應用在生產物料，生產活動所需設備以及日常事務作業所需物品，都可藉此購買。由此表可以了解，採購活動對工廠經營的重要性。

不過，負責採購的單位不可因此對客戶高傲，刁難對方。上軌道的企業都會建立合理的採購理念，讓執行者有遵循根據。

首先，除了配合公司的要求，採購時必須公開公正，才能讓買賣雙方共存共榮。正如日本二〇〇四年四月所通過的「轉包費用支付延遲等防止法」顯示的，採購時最重要的就是公正性。

外包目的與功能

採購的業務內容，首先必須根據所需量發出請購單，然後相關人員對外採購，貨送到則進行點收、驗收，以及支付款項的動作。過程中，還得配合「客戶管理」與QCD評估等。

當然，公司對外採購之前，選擇最恰

採購項目

採購品	規格品與按照製造廠規定而製造的產品，製造用的零組件與材料
外包品	自己設計、製造的零組件，由代工公司進行部分加工，或者部分產品外包請業者代工
副物料採購品	沒有直接當作產品使用，但會間接用到的綑包材、棉絲、切削油等
資產、經費品目	不動產、建築附屬設備、生產設備、電腦、辦公室機器、車子、鉛筆、書籍
服務採購	外部提供的服務 企業服務、情報系統開發、教育、研修、旅館使用、通訊費、網路費用等

採購管理的六項原則（採購理念）

業務外包目的

降低成本	相對於自己製造，能降低成本
技術利用	外包廠商擁有本公司沒有的設備或生產技術
技術方針	低階技術產品與單純作業的外包
投資戰略	資本集中本業，進行風險分散
負荷調整	建立對於負荷變動的緩衝
業務管理	有利於自己公司的勞務管理
委外製造	將經營資源集中於本業，其餘的能外包盡量外包

當的交易對象也很重要。

公司業務外包，在選擇交易對象時，應先確定外包目的。近來，許多公司業務盡量外包，切不可完全沒有計劃就進行外包。

具體做法包括，必須讓公司內部了解，「為什麼採購品單價必須降低，以及在如此價格之下為什麼仍可提供良好品質的產品」。其理由是，例如「這樣的交易，人事費用很便宜」，「和其他公司一起下單，具有量產效果」等。

另外，留在公司自行生產以及不留的，應明確區分。如果所有業務都委託代工，一不小心可能全部市場都被取代，反而得不償失。所以，如何利用、教育交易對象並且適當地管理，也是採購活動重點所在。

7-8 庫存的風險與優點

庫存當然是最好沒有，
但有時沒有庫存不見得是好事。

庫存的風險

庫存會有什麼風險，讓我們簡單地進行了解。基本上，庫存愈多風險愈大。主要是因為，現代工業產品技術創新速度非常快，產品週期大幅縮短，產品放在倉庫可能不小心過一陣子就因為「過時」而賣不出去。

另外，大量庫存容易造成浪費，包括倉庫租金、人事費用（管理者、搬運者、清點者與監督者等等），還要加上一筆電腦管理費用。

更糟糕的是，在公司財務計算上庫存屬於「資產」，唯有售出才能成為獲利，如果不小心注意只看資產表面數字，可能會忽略問題的嚴重性。

庫存的優點

不過，庫存有時也有如下優點。

- 安全庫存　廠商手邊庫存比訂單多一點，比較有能力應付臨時增加的訂單。
- 循環庫存與批次庫存　若能整批投入生產，可提高設備稼動率。
- 平準化庫存　事先進行壓力平準化，可讓有限的設備發揮最高作用。
- 工程緩衝期間庫存　工程期間稍微增加庫存，防止前段工程加工不穩定，導致後段工程停擺。

庫存水準應設在怎樣的程度？基本上，庫存品最好是能立刻轉用，如泛用性較高的產品，例如零組件表下游的部分。不過，裝配工業通常是前段工程產品泛用性（轉用性）較高。

就鋼鐵業而言，薄板比H型鋼具有更高的轉用性。鋼板與鐵礦石泛用性更高。家電業方面，馬達的泛用性高於冰箱，愈容易轉用，越容易銷售出去。

在此必須思考的是，從投入庫存原料與零組件進行製造到完成最終產品為止，需要多長的時間。除了這點必須掌握，其餘哪個階段可進行轉用，也得了解。

庫存的缺點是什麼？

①庫存代表風險

庫存意味著資金屯積不流動、增加經營風險。

現金 → 採購 → 庫存 → 銷售 → 現金

賣剩→拋售、丟棄
剩餘→丟棄
腐爛→丟棄
損傷→丟棄
跌價

②負債的導因

庫存會侵蝕營運資金

例 年營業額 1 億元
利潤 5 %（500 萬元）
庫存 3 個月（2500 萬元）

營業額倍增之後 →

年營業額 2 億元
利潤 5 %（1000 萬元）
庫存 3 個月
（5000 萬元亦倍增）

負債

③庫存容易增加支出

●倉庫管理費●管理者、搬運者、清點者、監督者等人事費用
●電腦經費●折舊損失●貸款利息

④產品庫存容易增加表面利潤，導致錯誤判斷

Start	變化	結果	風險評估
營業額為 1 億元。產品成本為 6000 萬元，毛利因此是 4000 萬元。	為了讓機械設備百分之百稼動，全面趕工。於是，完成品庫存增加，平均產品成本降低。	上記 1 億元的營業額，帳簿上營業額成本降低到 5500 萬元，毛利因此提高到 4500 萬元。	大量庫存的管理費用提高。降價拋售或丟棄的風險因而提高。

庫存的種類

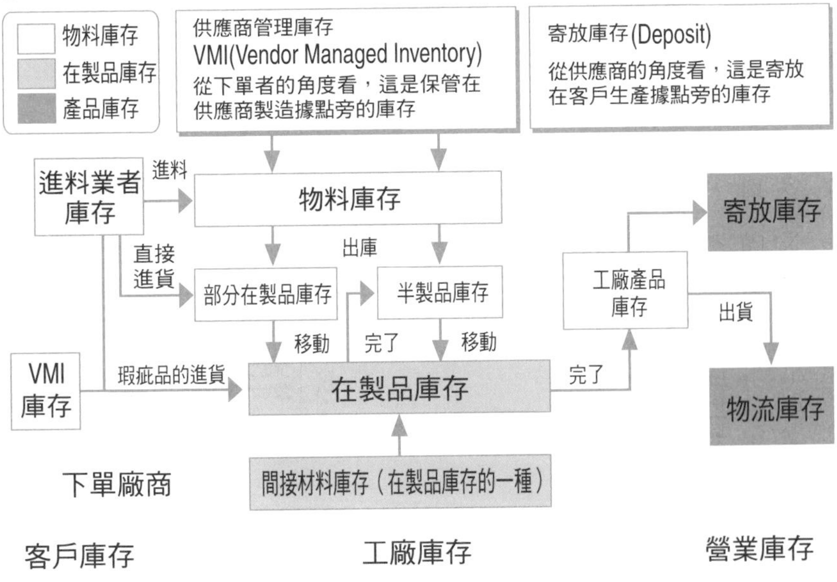

7-9 庫存管理的架構與做法

庫存管理主要有物料管理與資產管理兩種。

庫存管理目的

必須從物與錢兩個不同角度進行有效管理。

庫存管理目的在於，了解產品的銷路與物料調貨狀況、等待生產庫存量而維持安全庫存，保持因應變化的彈性。

另一方面，為了合理運用資金，庫存應降低。所以，庫存管理的功能就是，將前述這兩種具有二律背反性質的要素，保持平衡地持續運用。

工廠現場產生的庫存課題有如下幾種。

・庫存過多（不需要的東西卻有許多存貨）。
・瑕疵品太多（反而需要的東西不夠）。
・呆料、折舊品過多（即便是呆料，未來能派上用場還好，但問題是不能用必須淘汰）。
・庫存管理成本太高（即使建立系統化、投入大量人力，還是無法正確掌握現物庫存）。

克服庫存管理的問題，首先必須確定產品與零組件的庫存目標值。不過，由於適正值不容易看出來，一般做法是，先決定目標、確立可實現的體制，然後往可能是適正值的地方靠近。因此必須提高庫存量掌控的精密度，進行庫存評估管理。

提高庫存掌握精密度、進行庫存評估管理

提高庫存掌握精密度，必須先確實了解實績值。其前提是，每天的出入庫業務都確實進行。然後，必須定期實地盤點，確認其精確度。實地盤點的種類有如下幾項。

● 全部或定期盤點

某段時期所有庫存都進行盤點。有的是在每月底或每三個月進行盤點。

● 循環盤點

針對某些特定品目，每天或每週進行循環式的順序盤點。有人進行這種盤點時，先決定庫存品的保管場所，然後按順序進行盤點，但大部分的做法是，使用ABC存貨分析法，進行重點管理（參照左圖）。

● 隨時盤點

庫存數量在某定值以下或已經沒

有庫存的品項、倉庫，進行庫存盤點。

做法是先決定目標值。管理時可參考的具體數據是周轉率與周轉期間。庫存品以快進快出為最高原則。

庫存的兩種性質

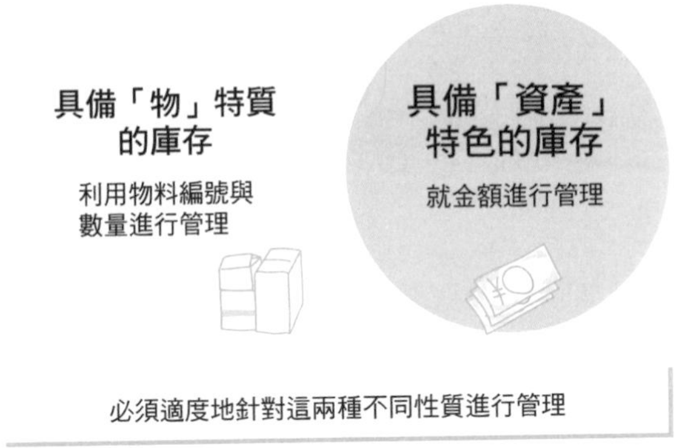

ABC 存貨分析

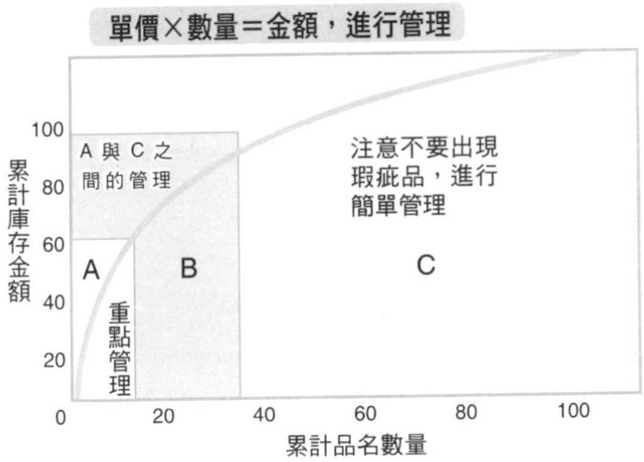

庫存分析的做法

庫存周轉率（一年之間周轉幾次）

庫存周轉率＝銷貨成本÷平均存貨

銷售成本：通常以一年為計算期間
平均存貨：期末的平均存貨或者「（期首平均存貨＋期末平均存貨）÷ 2」

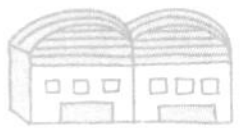

存貨周轉期間（存貨積壓的時間多長）

和庫存周轉率相反，乃是平均存貨÷平均銷貨成本的結果

庫存周轉期間＝平均存貨÷平均銷貨成本※〔月〕

※也有用平均銷貨成本計算的方法
此時庫存周轉期間的單位為〔日〕

ex.) 2000 萬元÷（1 億元÷ 12）＝ 2.4 個月

7-10 供應鏈之結構與目的

任何商業活動乃至於企業經營，都必須有供應鏈才能完成。

為什麼ＳＣＭ倍受重視？

近來物流廣域化、高速化，加上資訊產業蓬勃發展，商品流通速度已大幅提高，市場狀態更是明顯改變。因此，企業經營者愈來愈重視ＳＣＭ（供應鏈管理），下面以手機為例說明其原因。

手機功能增加速度之快令人眼花撩亂，今天許多手機都可以照相、聽音樂、拍動畫、指紋辨識、看電視，功能應有盡有。然而，市場要求愈多樣化，商品能造成新鮮感的期間也縮短。另一方面，市場與生產據點呈現急速全球化。

但不論資訊科技如何發達，零組件與商品究竟不可能用網路運送。所以，商品物流與供銷管理相對而言更加重要。換言之，資訊科技發達、市場速度化以及商品供銷方法改變，是推動ＳＣＭ進步的原動力。

針對這種發展態勢，傳統企業單打獨鬥做法已不符合潮流。目前最有效率的做法是，「整體管理」、「客戶優先」、「重視現金流量」，並且在這些原則之下進行部門與企業的業務重整。

兩種ＳＣＭ

ＳＣＭ可以從兩個角度進行理解。

首先是企業內部的供應鏈。其目標是強化設計開發、採購、製造與銷售各部門業務的互動與合作關係。

另一方面為企業間的供應鏈。從原物料採購、零組件供應、製品生產、物流、銷售一直到客戶為止，全部都視為一個商業流程，超越管理架構，盡量提高客戶滿意度與企業整體利潤。如此，企業彼此之間就能建立雙贏的關係。

兩種供應鏈

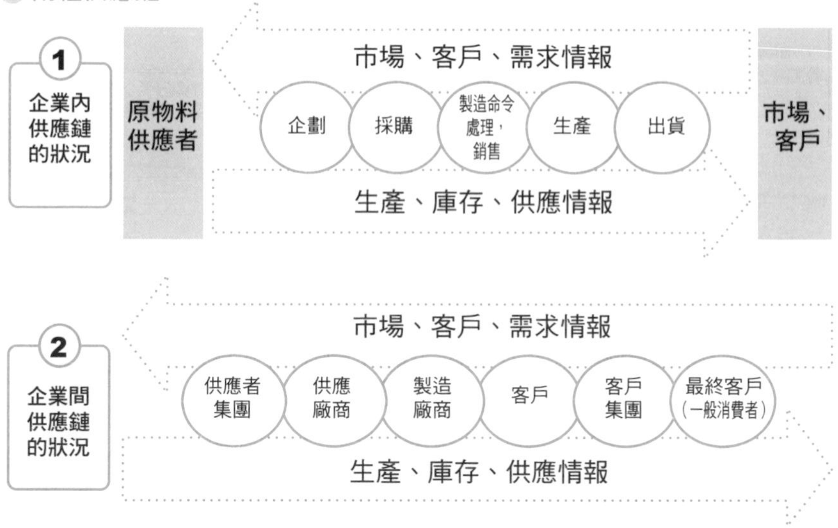

支撐供應鏈的系統

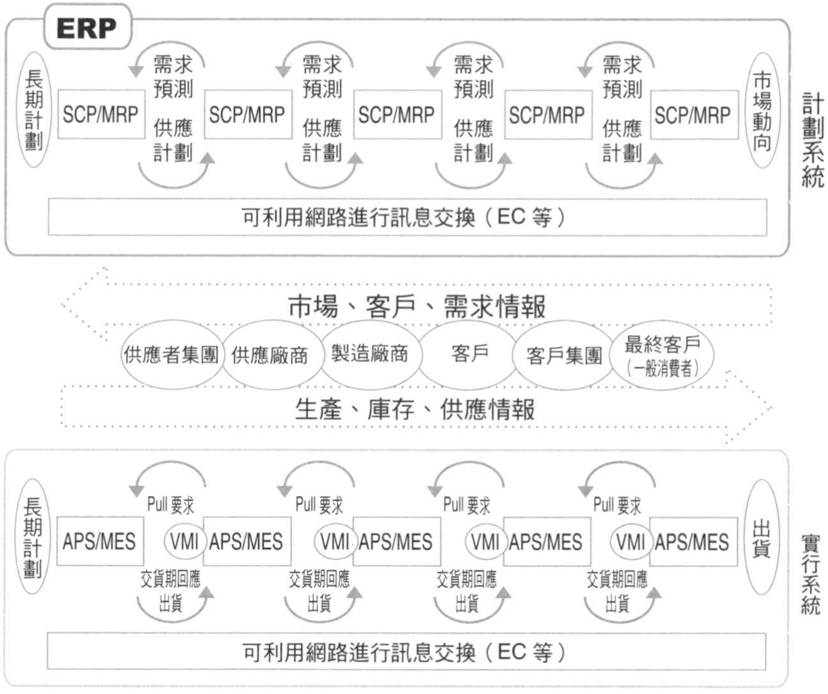

※即便相同供應商，不同部品也會使用 VMI 或 Pull 要求・交貨期回答方式等不同做法。

Column 7

久居同職場同職位，容易犯的毛病

工廠內部有好幾個部門，大部分企業都會把新進員工集中在工廠或工廠某些相關部門。即使工廠後來組織改變，基層員工可能還是會待在相同的職位上。

這種做法容易造成本位主義。員工心裡只想到怎樣做對自己的單位有幫助，不會用整體的角度思考公司經營問題。因為只想到自己，對於和其他部門合作興趣缺缺，也不想融入整個公司組織。有趣的是，即使有很明顯的這類問題，員工卻毫無自覺，以下讓我們聽看看各部門的心聲。

設計部門→希望能利用新技術，持續開發劃時代新產品。

營業部門→希望盡快交貨給客戶。希望有多一點產品庫存。

生產部門→希望按照生產計劃進行生產，提高作業效率。不希望有設計變更或交貨日期改變等計劃變更的狀況。

各部門自我中心主義，最後的結果則是，做出客戶不喜歡的產品，增加不必要的庫存。而錯誤的決策或計劃無法改變，工廠經營即變得非常沒有效率。

總之，相同工廠員工在相同職位上待太久，容易產生各種「職業病」，介紹如下。

- 設計部門→愛因斯坦病（可說是一種大頭病，員工自以為是，設計出沒有銷路的產品）
- 營業部門→鸚鵡病（用猜測的方式認定客戶需要什麼，然後要求工廠進行生產。但問題是，客戶真有這種需求嗎？）
- 製造部門→被害妄想症（認為公司其他部門都在找麻煩，故意讓製造部門忙得不可開交）
- 財務部門→Excel 病（只要數據兜不攏，就會情緒低劣、甚至發狂，卻忽略數字後面所代表更重要的事情）
- 資訊部門→誤以為所有問題都可用資訊科技解決（進行資訊化之前其實應該先改革業務）
- 人事部門→行禮如儀病（遇到事情不會討論，總是先入為主地做決定，表面上卻客客氣氣地行禮如儀）

在相同單位待太久的人，有必要針對上面這些問題反省自己是否也有「毛病」。

（篠原　忠晴）

第8章 管理生產現場

8-1 生產現場的意識與狀況

生產現場是工廠最重要據點，由此可以了解工廠運作狀況。

日本製造業從業人員一向認為，生產現場非常重要，所以都會愛惜生產工具。日本製造業之所以這麼強，除了技術能力與經濟能力強，愛惜現場生產工具產品，也是關鍵所在。

多年來日本企業的工廠小集團活動，已經建立穩定制度。或許，這是日本數千年農耕民族血液養成的習慣。也就是，就像早期日本農民重視互助合作，今天日本之所以能成為製造王國，主要得歸功於員工高度團結與互助精神。

即便使用最先進資訊技術或精密自動機器設備的高科技工廠，日本人在過年期間也會有傳統習俗。用火的工廠擺設灶神；工廠動土喜歡選在正月十一日，模仿早期農家正月十一日以年糕祭神的方式進行。然後，為了祈禱一年工作安全、生意繁榮，新年都會請員工吃年糕紅豆湯與雜煮湯。

傳統日本人都有「天地間無所不在都是神」的觀念與信仰，對任何物品都心懷感激與尊重。

經過如此說明，我們就可以清楚了解日本人在工廠工作時抱持怎樣的態度，做事為什麼那麼踏實，而且能非常有耐心地進行品質管理與小組活動。

生產意識與觀念在未來所將扮演的角色

因為生產力雄厚，日本生產現場的效率遠遠高過其他國家，這也成為日本戰後復興原動力，更是產品物美價廉、超越歐美企業而成為工業大國的最重要因素。

但不知不覺之間，日本製造業的優勢被歐美企業超越，中國等亞洲國家也不斷追上來。

隨著生產據點、零組件供應以及產品市場全球化，市場要求變得更多樣元，產品生命週期也大幅縮短。結果，價格破壞造成日本企業獲利能力不斷降低。

問題嚴重性已經不是生產現場就能解決。也就是要擺脫困境，不能只期待企業或工廠部分單位進行改革。要呼應市場需求、推出更好、更新產品並且取得市場領先地位，還必須用全球化的觀點，進行企業體質改造。

工廠和早期農民種田，其實具有非常類似的模式

工廠上班族的觀念與農民很像
重點是做出高品質的產品
而且非常珍惜工具

這樣的企業戰略非常重要。但也不是說傳統日本工業界的「現場主義」就必須拋棄。畢竟生產現場效率化是工廠經營最基本的部分，所以，任何企業與工廠，都必須持續提高生產現場的品質。

8-2

什麼是現場的工程管理？

重點不只是收集資料，收集的資料還必須能說明事實。

工程管理目的

生產現場是工廠各種計劃作業的最後工程，也是可以把產品做出來、交給客戶的地方。而要做出合乎客戶需求的產品，工廠在作業過程中必須先發出作業命令，然後進行以下管理。

①確實遵守交貨期限
②確保必須的產量
③確保客戶所要求的品質
④不可以不良品出貨
⑤盡可能減少在製品的量
⑥縮短LT（工程作業時間）
⑦提高設備與人員的稼動率
⑧及時進行品質情報方面的報告

不過實際作業過程中，難免會遭遇工程人員能力不平衡、物料不良或不足，乃至於製品所使用原料比例改變等各種阻礙，工程管理的目標就不容易達成。

為了排除障礙、達成目標，就必須建立生產方式、設備、冶鑄工具等物理系統，以及相關的制度與程序，正確而有效率地運用，進行管理。

收集資料的重要性

為了正確讓管理系統發揮作用，最重要的是物料與情報必須一致。不過，即使為了建立系統而收集許多資料，也未必能做出產品。也就是，現場可能有些勉強收集資料無法解決的問題。所以，資料收集工作原則上愈真實愈好，更能說明實況。

例如，過去某家半導體工廠，製造過程中沒有進行正確的資料收集工作，企業負責人卻強制廠長收集某些資料，要求其一小時內完成所有作業，並且進行報告。結果勉強收集的資料派不上用場，對於改善工廠作業沒有絲毫幫助。

重點的資料與數據，應該都會在工程過程中出現。問題是如何掌握這些資料，並且適當地解釋。若能將資料標準化與系統化，那麼生產過程的所有重要資料，大體上都可在製造現場找到。

資料分析與開立作業命令

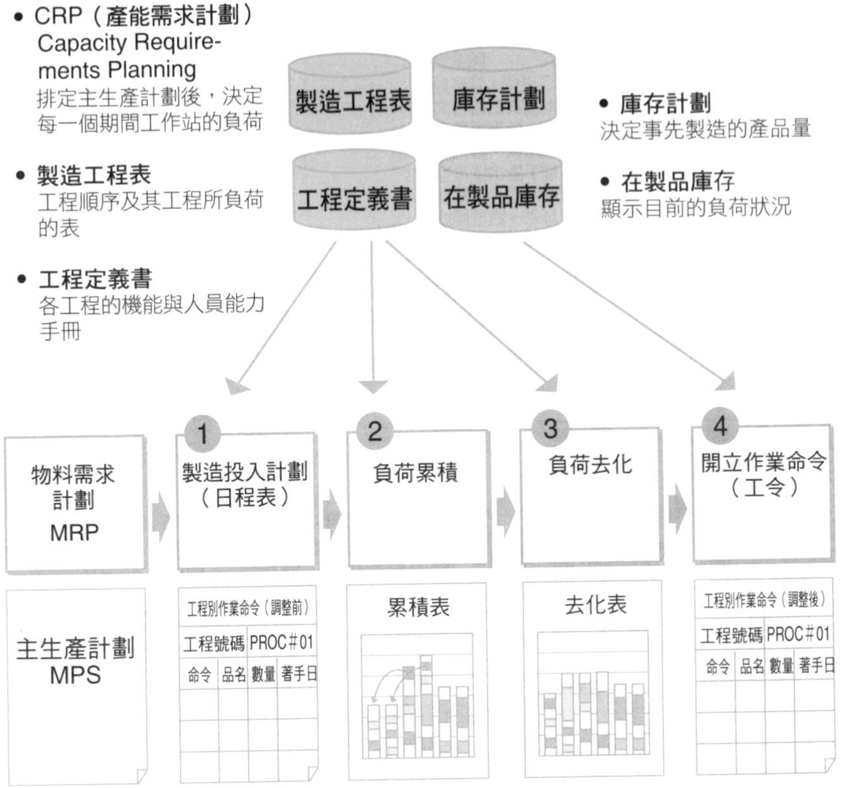
• CRP（產能需求計劃）
Capacity Requirements Planning
排定主生產計劃後，決定每一個期間工作站的負荷
• 製造工程表
工程順序及其工程所負荷的表
• 工程定義書
各工程的機能與人員能力手冊
製造工程表
庫存計劃
工程定義書
在製品庫存
• 庫存計劃
決定事先製造的產品量
• 在製品庫存
顯示目前的負荷狀況
物料需求計劃
MRP
1 製造投入計劃（日程表）
2 負荷累積
3 負荷去化
4 開立作業命令（工令）
主生產計劃
MPS
工程別作業命令（調整前）
工程號碼 PROC＃01
命令 品名 數量 著手日
累積表
去化表
工程別作業命令（調整後）
工程號碼 PROC＃01
命令 品名 數量 著手日

既有情報之解釋

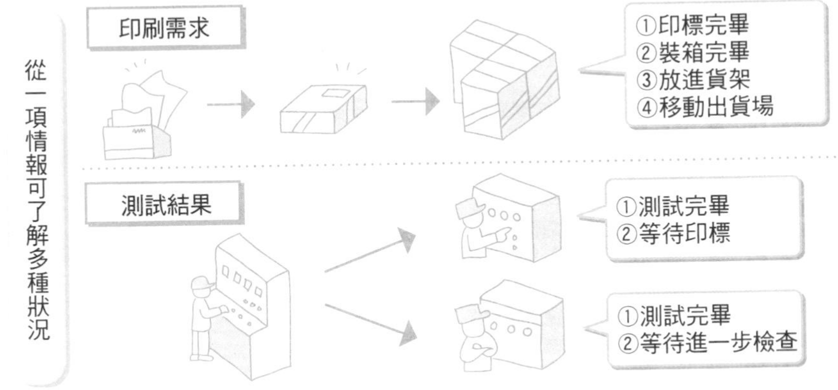
從一項情報可了解多種狀況
印刷需求
①印標完畢
②裝箱完畢
③放進貨架
④移動出貨場
測試結果
①測試完畢
②等待印標
①測試完畢
②等待進一步檢查

8-3

流動車間與加工車間

機器配置將決定生產工程的模式，不同機器配置主要是考量「作業內容」與「產品」的結果。

流動車間的設計與注意要點

機械加工工程為主的製造工廠，生產線設計的重點放在機械配置上，最主要做法是「流動車間」與「加工車間」兩種生產線結構。

「流動車間」生產線的特色是，製品在此進行加工或組裝，而製造方法與順序固定。採取這種生產線結構，通常是為了進行大量生產，因此讓機械按作業順序直線排列，又稱為「流動生產方式」。

這種生產線可讓作業流程順暢、不停滯，動作更快。通常，在製品的數目與生產線長度呈等比，不會造成生產線浪費。不同產品都有自己的生產線，不過，有些類似產品可用相同生產線交互製造，實現多樣化。

另一種生產線的做法是，複數作業工程並列，進行機械加工或組裝作業。

除了產品特性，還有一點必須注意，那就是生產線各環節的作業工程作業時間不同，因此有時會造成塞車。

解決這個問題的技巧在於，將各工程的作業時間平均化，排除不良零組件，降低機械與裝置故障。

也就是，建立每個環節時間相互銜接的「生產節拍」。因此，生產線設計者必須事先想像，從生產線開始到產品做出來的過程，是否有順暢的生產節拍。

比如，蓋液晶電視組裝工廠不妨事先設定，一定的時間間隔完成大型液晶電視組裝工作。比如，每兩分鐘組裝完成一台，這裡的兩分鐘就是「生產節拍」。

若生產線內部共有三十個作業工程，每個工程的生產節拍相同，組裝一台液晶電視的工程作業時間就是一小時（參照次頁上圖）。

加工車間型生產方式

所謂「加工車間型生產方式」，主要就是針對不同產品改變作業內容與順序。這種做法適用於多品種少量生產的生產線。

加工車間型的生產方式，通常有限的機械與設備可生產不同種類產品。注意事項方面，重點在於正確管理產品的流動順序，減少工作人員看

生產節拍與製造工程作業時間

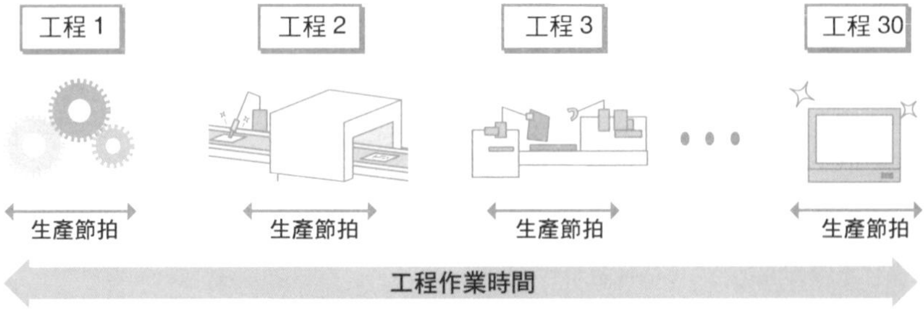

生產節拍＝1 日的總生產量／1 日的總作業時間
製造工程作業時間＝Σ（工程作業時間）

流動車間型與加工車間型生產方式

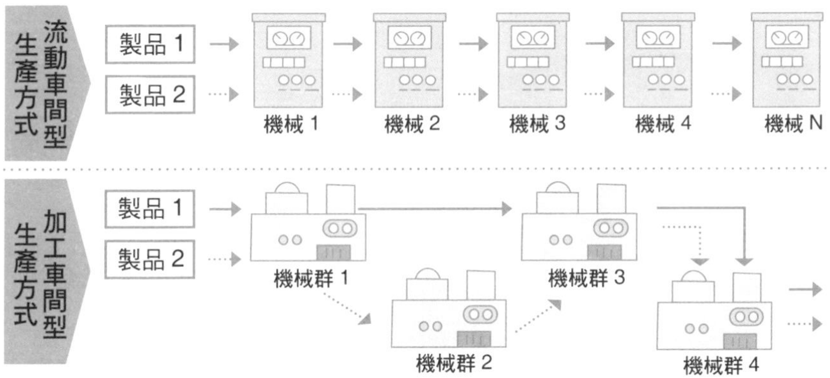

守、等待的時間。這是進行生產計劃時必須掌控的問題。

擬定這種生產計劃的工作又稱為「加工車間生產排程」。這方面學術界已建立好幾種模型，做了深入的研究。

要讓同一產品經過相同作業工程，反覆不斷地生產出來，為了獲得最適當生產排程，必須經過非常複雜的計算。

比如，切削、研磨與穿孔這類單純作業經常反覆，進行生產排程時若經費充裕，最好追加設備。以流動車間型作業方式為例，重點在於流暢，避免生產順序「逆流」。

8-4 生產線生產與單元生產

產品生產的流程有兩種方式，一種是以流動、生產線的方式處理，另一種是集中一地組裝完成。

生產線生產方式的架構

工業產品按照作業流程逐一完成生產，稱為「生產線生產方式」。因為製品在製造過程中不斷流動，所以，又稱為「流動生產方式」。

如前述，流動方向固定的作業工程，稱為「流動車間」工程，流動方式有各種不同變型的工程，稱為「加工車間」。

生產線生產方式的特徵，主要有以下幾項。

- 作業員按照生產線（輸送帶等）的排列進行配置
- 組裝工程分割成許多環節，每個作業員只負責部分作業
- 可利用廉價、非熟練的勞工進行組裝
- 作業者不太會產生成就感
- 不太容易因應產量變化的要求

生產線生產方式注意要點，主要有每個作業者所分配的工作應盡量均等（工程設計），生產線整體生產速度通常就是動作最慢作業者的速度（瓶頸管理），其中一個作業者停擺，可能造成生產線全部停擺（停擺管理）等等。

汽車、家電產品與電腦組裝這類大量生產的產品，基本上都會採取這種生產線布置方式。

單元生產方式的架構

產品在組裝過程中沒有流動，而是集中一地處理，操作員與機械布置在產品周圍，從頭到尾將製品完成，這就是「單元生產方式」。在美國又稱之為「組裝單元生產方式」。

其主要特徵有如下幾項。

- 不必布置生產線，可節省許多空間
- 產品從頭處理到尾，作業者對整個產品的結構有更深入了解
- 作業者比較有成就感
- 需要熟練的工人
- 比較能因應產量變化、接急單提高產能

單元生產方式的注意要點是，作業者必須經常接受必要的作業訓練（多能工化），各種零組件應怎樣安排在作業者周圍，需有效設計（零組件供應與搬運的技巧），盡可能降低高素質作業者的人事成本（進行高效率的生產命令、改善現場作業）、降

生產線生產的做法

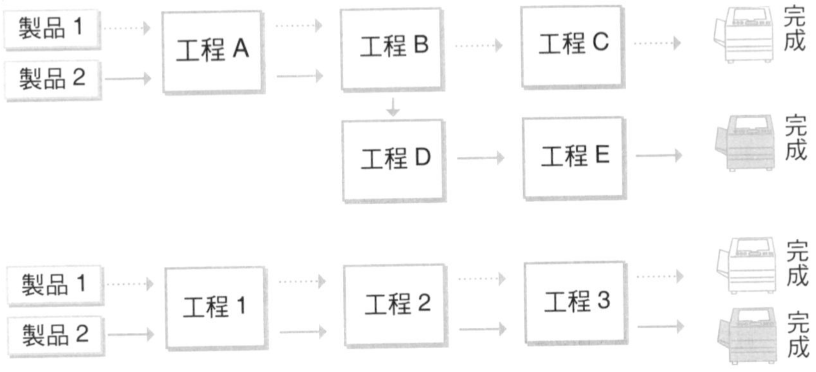

單元生產的做法

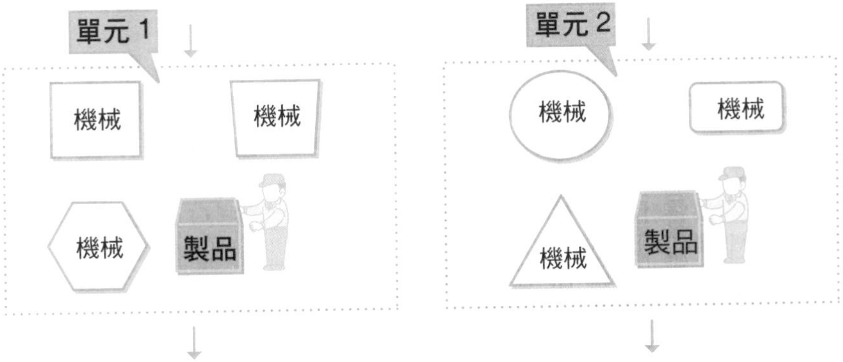

低單元生產所需機械價格。

就製品類型而言，大型且笨重的機械，最好是使用單元製造生產方式。例如，大型郵輪的製造過程，零組件可用生產線生產，但船體與內部組裝，必須在造船廠的船塢進行。在此船塢便是單元生產方式的「製造單元」。

影印機與多功能事務機的製造廠則發現，採取單元生產方式效率更好。

另外，某汽車大廠的做法是，臨時訂單或特別式樣車種，多半屬於高價品，在重視品質的前提下，會選擇單元生產方式。

8-5 看板生產方式的架構與效果

利用「生產指示看板」與「領取看板」可降低工程浪費，達成省力化的目標。

豐田生產方式與看板方式

許多人認為「看板方式＝豐田生產方式」，但這是錯誤觀念。「豐田生產方式」顧名思義，就是豐田汽車所開發、推進的生產方式，可說是足以與福特系統（大量組裝生產線，又名泰勒式生產方式）匹敵的新生產方式。其做法主要有，達成生產即時化、自動化、少人化與創意工夫等效用，因此能減少人力浪費，提高生產效率。

「看板方式」其實只是豐田生產方式的部分而已，只不過這部分相當重要。其應用的目標是，達成生產平準化、作業標準化、前後段製程轉換時間縮短化。除此之外，物料與情報的流動同期化，工作現場達成即時化的要求。

具體做法是，零組件上掛著寫有必要訊息的「看板」，後段製程員工領取零組件時，將該看板送回給前段工程人員，就可讓他們知道後段工程需要零組件的狀況。所以，看板的內容主要是「什麼時候、該送多少零件給誰」。

看板主要有兩大類（參照次頁上圖）。這兩種看板經由稱為「門」的物料放置場進行同期化（參照次頁中段圖）。

看板方式與ＭＲＰ的併用

看板方式是即時化生產實行階段所使用的方法。不過，即使實施看板方式，若所需零組件沒有事先準備，即使接到看板也無從供應。換言之，零組件還是得有某種程度的庫存，生產管制人員因此必須注意這方面的調整與控制。

另外，製品投入計劃也必須將作業平準化、工程能力平衡以及部材調貨計劃等納入考量，事先進行有效的計劃。

這類計劃通常必須參考物料與製品工程作業時間，事先完成，因此必須應用ＭＲＰ（參照次頁下圖）。

看板方式的種類

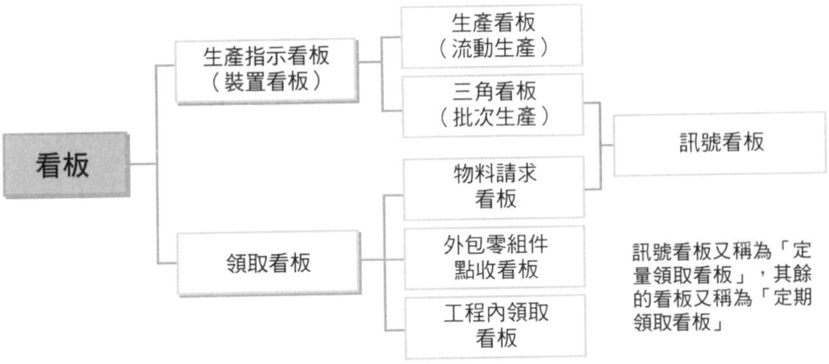

看板的同期化

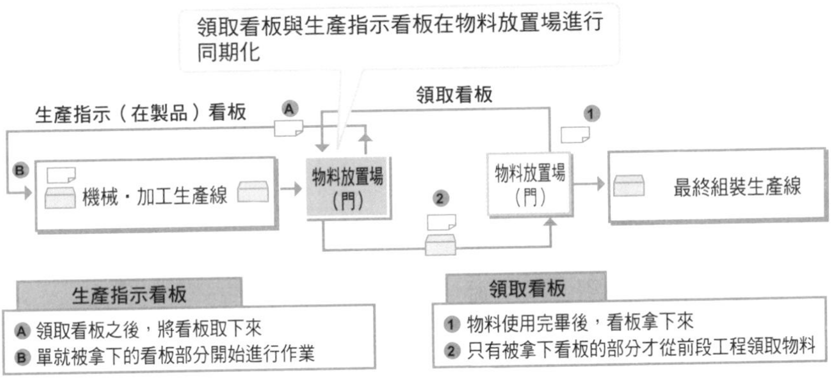

MRP 與看板併用

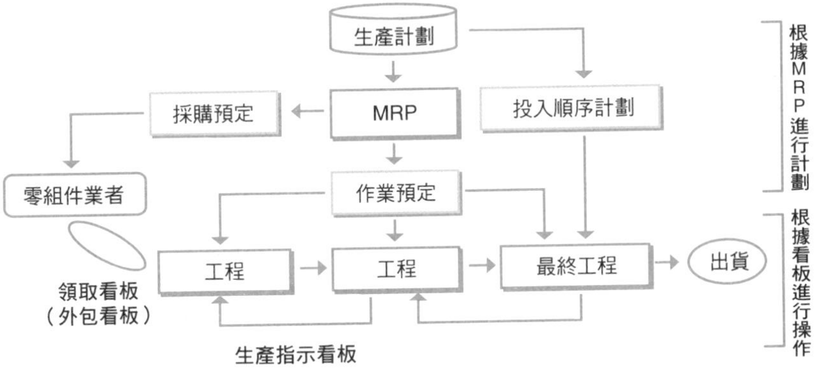

8-6 「安全第一」的意義與做法

工廠給人的印象常常是「容易造成危險」，所以工業安全是必須優先注意的地方。

說到工廠內部，一般人都會有怎樣的想像？

大體上就是用大型電動工具鑽孔，用吊車吊重物，用輸送帶搬運物品，用高溫熔解金屬或塑膠，還有利用劇藥進行化學反應等，因此，工廠常給人容易產生事故的感覺。但其實不然。

實際上參觀工廠就可發現，有些工廠掛出「祝賀　無災害紀錄五百萬小時達成」的布條，可見工廠運作沒有事故，並非不可能。問題是，為什麼這些工廠必須一再強調「無事故」的重要性？

然後，為什麼有些工廠能避免危險，不發生事故？

有效的事故防範

日本製造業只要員工超過三百人，就必須依照勞動安全衛生法第3章「安全衛生管理體制」規定，建立勞動衛生管理體制。

具體而言，工廠必須具備綜合性的安全衛生管理者、產業醫師、衛生管理者、安全衛生推進者等等，並且成立勞動衛生委員會，打造能讓員工安心工作的職場。就工廠管理內容而言，主要有如下三項。

①作業環境管理

排除有害因素，確保良好的作業環境。比如，危險的場所與修理中的機器，不應放在員工容易碰觸到的地方。

②作業安全管理

必須防止作業可能造成的有害因素。為了確保作業者安全，應提供工作時更方便的服裝與護身用具，保護其安全。

另外，環境方面必須有良好規劃，以便萬一發生事故，傷害降到最低。

③健康管理

管理的目標在於，持續維持作業者的肉體與精神良好健康狀態。具體做法比如，實施健康檢查，定期檢討作業環境與作業內容是否有安全問題，防止作業者健康受傷害。

最近，日本工業安全相關法律甚至關切「非吸煙作業者應受尊重」、「高齡與有身體障礙的作業者以及在家工作者的作業安全」等課題。

總之，藉由法律規範、工業安全

警告標示與禁止標示

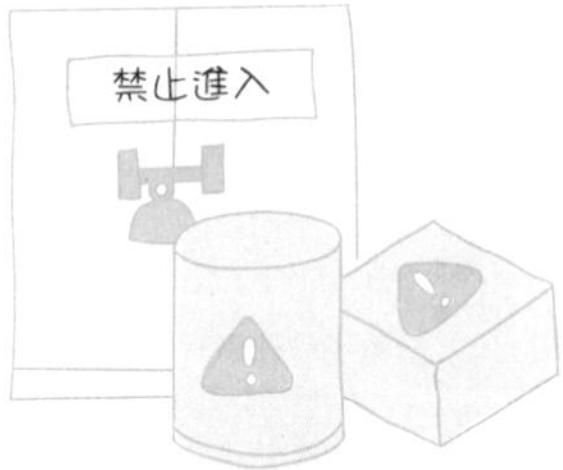

危險場所或物品，除了特定作業員都不可進入或觸摸。必須做明確警告或禁止，防範事故於未然

保護安全的設備

讓作業者穿著最適當的服裝。降低產生作業災害的機率

發生事故時的急救設備

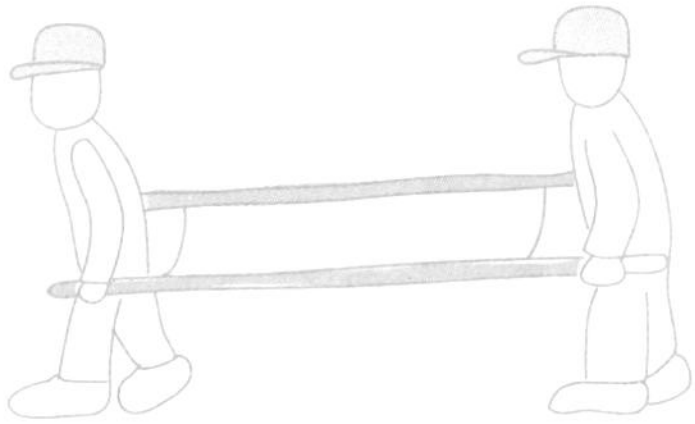

擔架

緊急沖水設備

教育推廣以及作業者自覺，工廠確實可以變成「安全職場」。

近來常被作為工廠安全管理標準的做法是，ＩＳＯ國際認證。ＩＳＯ認證標準相當嚴格，因此相當可靠。

工廠管理也有愈來愈明顯的全球化要求，因此，經營工廠必須注意符合國際工業安全標準。總之，「安全第一」是工廠不可或缺的重要問題。

8-7 5S運動與3S運動

這可說是所有工廠都看得到的「標語」，以及必須重視的問題

5S運動目的

參訪日本工廠幾乎會看到「整理、收拾、打掃、清潔、好習慣」等標語（按：日文原文為「整理」（se-iri）、「整頓」（seidon）、「清掃」（seisou）、「清潔」（seiketsu）、「躾」（sitsuke））。這些標語的開頭文字，日文羅馬拼音一開始都是「S」，所以這種安全管理行動又稱為「5S運動」。

基本上，5S運動目的在於，讓工廠內部作業場所乃至於工具、設備與零組件，都維持最好、最安全狀態。從字面上看，這五個標語意思都很淺顯。但即使意思淺顯，還是得一再強調，讓所有員工都重視。

推動5S可提高QCD

5S運動有效實施，對於工廠安全與衛生有直接與間接效果。此外，品質管理方面，也可發揮貢獻。以下簡單舉例說明。

首先，不要的東西清除，能多出可利用空間，並且削減成本。物品適度收拾，更容易進行小量批次生產與混合生產。

比如，沖床加工與旋盤作業進行換模時，準備冶鑄工具方面通常得花一點時間，但如果事先將冶鑄工具整理好，就可縮短換模時間，降低人事費用與工程作業時間。整理、排好位置的東西，要用的人一拿就到，有沒有缺損也一目了然。

清掃作業也是不可或缺，環境清潔才能提高作業與產品品質，提早發現異常狀況。「整理」、「收拾」、「打掃」是5S運動的根本，應定期實施。

然後，「清潔」與「好習慣」，是員工必須自我要求的部分。員工能這樣自我要求，代表公司管理不錯。

總之，5S運動整體追求的目標在於，工廠不論管理者還是員工，都應自覺地了解安全維護的重要性，徹底實踐。

以3S運動促進合理化

工廠安全維護除了5S，推動3S運動同樣不可或缺。

3S指的是「簡單化」（Simplification）、「標準化」（Stan-

5S 的內容

整理

原本混亂的物品，讓它恢復秩序。不要的便清除。

收拾

亂七八糟的物品，讓它回歸原位、排整齊，進入最佳使用狀態。

打掃

打掃髒亂的地方，維持乾淨、減少灰塵髒污

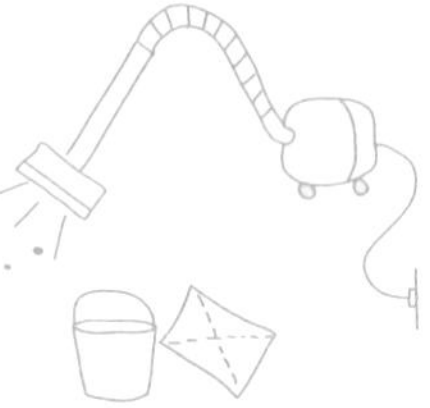

清潔

保持乾淨

好習慣

說做就做，養成工廠內部的良好習慣

dardization）、「專門化」（Specialization）。

①簡單化

為了因應工作或產品多樣化，避免工作無謂反覆造成浪費，生產線等工作現場應盡可能單純化。

②標準化

除了單純化，還得找出各部門共同的部分，進行統合。如此一來可以減少製品、零組件使用種類，提高量產效果，還能共用零組件與冶鑄工具，拉高稼動率。

③專門化

技術與品質專精領域，也就是公司擁有「核心技術」的部分，應予以加強，成為市場或業界領先者甚至「唯一廠商」。要達成這項目標，工廠員工做到有效的安全管理，可說是基本條件。

3S 的內容

簡單化
Simplification

標準化
Standardization

專門化
Specialization

Column 8

你看過「超市之女」嗎？

為什麼企業都得提高 CS（顧客滿意度）？是因為顧客是「神」嗎？答案並不是。那麼，是因為近來流行 CS 嗎？也不是。

說來說去，企業經營的宗旨無非是賺錢、獲利。因此，CS 代表的意義是──「顧客滿意度提高代表顧客喜歡產品，也許就會追加訂單或者再度光臨。如此一來，企業營業額與獲利提高，有成長機會」。

這是非常實際的狀況。能徹底滿足顧客需求的企業，多半能持續成長，迪士尼、戴爾電腦、西北航空與花王企業，都是明顯例子。

企業提高顧客滿意度，還會產生附帶的好處，那就是「看到客人那麼高興，員工也會受到激勵，於是產品做得更好，得到更多顧客肯定」。換言之，良好的顧客滿意度會帶給公司良性循環。

所以，許多企業創立時設定理想的企業文化，第一條就是──「提高顧客滿意度，這是員工教育、建立觀念的基準」。

那麼，如何訓練員工，讓大家重視顧客滿意度的問題？最關鍵的是企業領導人的領導統禦能力。經營者與管理階層必須以身作則，進行追求提高 CS 的意識改革與教育。

在此，我建議想建立這方面觀念的人，觀賞日本導演伊丹十三所拍攝、宮本信子主演的經典名片「超市之女」（**スーパーの女**）。

在電影中，你可以看到扮演「即將倒閉超市新店長」的宮本信子，站在顧客立場和拘泥於傳統做法的魚販與肉販據理力爭、激烈舌戰的精彩畫面。總之，這部電影，你可以清楚發現許多建立CS觀念、企業改革，以及從提高CS角度改革企業的可行做法。

（松林　光男）

第9章

成本管理的架構

9-1 成本管理與提高利潤的方法

成本管理困難點在於，如何掌握產品品質與成本的平衡點。

降低成本的涵義

企業經營最重要的，無非就是持續提高營業額與獲利。那麼，如何才能提高獲利？

進行這項說明之前，讓我們了解什麼是「成本」，什麼是「獲利」。

所謂「成本」，就是企業生產與販賣產品，以及提供服務過程中一切支出的總合。獲利則是，一定期間的營業額減掉成本。

因此，企業提高獲利的方法主要有兩種，第一種是提高營業額或產品售價，另一種是降低成本。

在競爭激烈的時代，產品提高售價並不容易。而且，價格容易受市場波動影響、競爭激烈，難以操之在我。

所以，降低成本或控制成本成為許多企業確保利潤最重要做法。也就是，即使產品售價與營業額減少，有效降低成本還是可以獲利。

降低成本有個前提，就是不可影響產品性能與品質。因此，成本管理最困難的地方就是，維持品質與成本平衡。降低成本又不影響品質，才稱得上是一流的成本管理。

什麼是成本管理？

成本管理的功能在於，有計劃或體系性地推動可降低成本的做法。

具體內容有「如何用更低的成本購買原料與零組件」、「工廠作業如何更有效率地進行」、「如何排除一切不必要的浪費」等等，範圍相當廣泛。

成本控制與降低成本基本上和企業各部門都有關連，所以，要有效控制成本，必須整個公司一起努力。成本控制必須掌握以下三項基本條件。

・必須隨時正確掌握成本
・必須持續不斷改善成本、將成本控制在合理範圍內
・經營者或部門負責人所需成本情報必須簡明扼要地提供

就降低成本的推動時期而言，成本管理主要有兩類。

①新商品開發的成本管理

新產品開發之際，必須設定未來開發產品的目標價，以此為目標進行成本控制。

②每年都必須進行的成本控制

企業提高獲利的方法

企業提高獲利有兩種方法 ①提高營業額

②降低成本

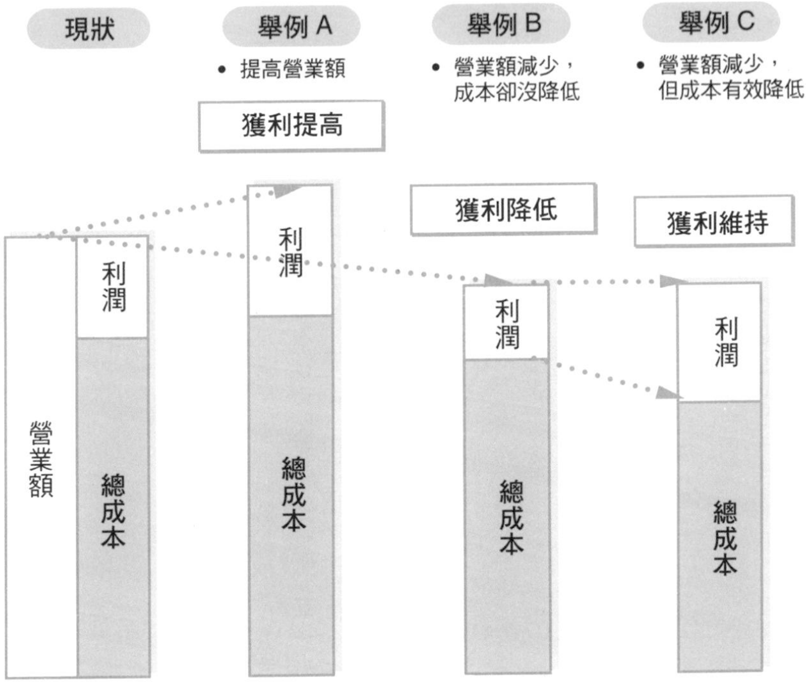

每個年度之初必須針對獲利計劃，訂定製造過程必須控制或降低成本的目標，然後在這一年內實施各種降低成本的措施。

降低成本可說是成本管理之中最重要的一部分。公司上下部門應建立「一切的一切都得盡量降低成本」的強烈觀念，隨時隨地遵循這項原則，努力實踐。

改善成本通常日積月累才能看到成果，所以，持續努力非常重要。

9-2 成本的結構與種類

找出控制、降低成本的方法之前，必須先了解成本的內容與種類。

成本的內容

成本基本上有以下四種分類方法（參照次頁上圖）。

①根據生產量增減，成本是否同比例增減的分類方法

會跟著變動的是變動成本（材料費、加工費），不會跟著變動的是固定成本（房租、設備等）。

②將公司部門依照不同成本形成進行分類

營業、開發與總公司管理部門的費用屬於銷售成本與一般管理成本；工廠製造費用屬於製造成本。

③產品或部門的成本分類標準

能確定成本歸屬的稱為直接成本；無法以明確單據歸屬其成本的，是間接成本。

④根據產品費用構成要素進行分類

其構成要素主要有三種，就是產品所使用的「直接原料」，製造成本所需的「直接人工成本」，以及製造過程中其他各式各樣的「製造費用」。

成本的種類

成本依照管理目的不同，可分為三類，一般企業都會選擇最適合自己公司的種類（參照左頁下圖）。

①適合業種與型態的成本

綜合成本是成本計算期間所產生全部費用，除以該期間產品生產數量的結果。

因此，同期間製造的產品單位成本都相同。麵粉輾製、食品加工與纖維業常採取這種做法，因為生產線連續進行，沒辦法一小批一小批計算該批產品的成本。

個別成本根據接單產品的製造指示書，算出個別產品成本，常應用在機械、造船與營造工程方面。每次接單的內容，可能都會出現不同成本計算方式。

②用來改善獲利的成本計算

全部成本乃是與成本有關的所有成本總合。

部分成本則是根據使用目的將部分產品成本計算出來。比如，部分成本視為變動成本，就可從營業額扣除部分成本的變動成本，算出極限利潤。然後排除固定成本對利潤的影響，了解營業額增減是否對獲利有所貢獻，或者賺錢的產品是哪些等問

四種成本分類方法與內涵

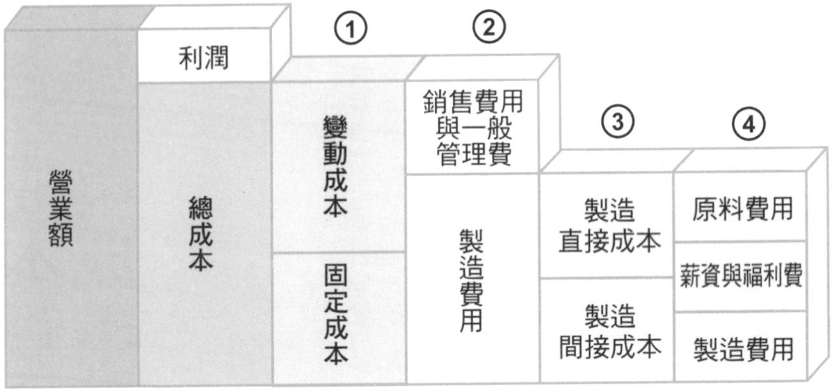

成本的種類

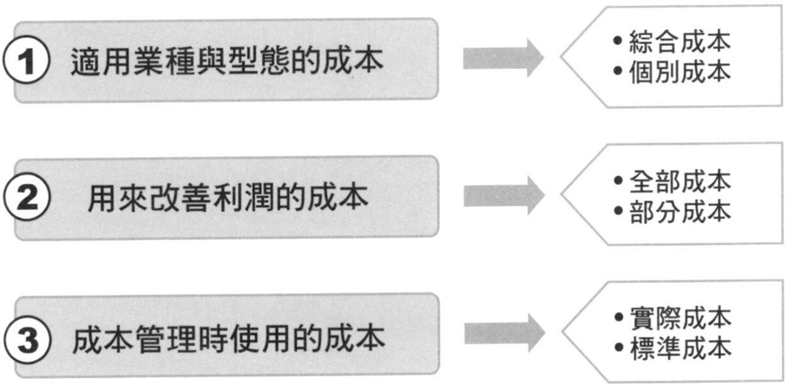

題。

③成本管理與決算時使用的成本

實際成本乃是實際生產活動中累積產品成本得到的結果，可了解成本的真正狀況。

標準成本則是，進行標準生產活動時預估的成本，其用途在於「進行成本管理」、「簡化成本計算手續」、「提供預算數據」等等。

標準成本管理方法為，比較一定期間生產活動造成的成本實績與標準成本，算出不同費用別的原本差額，各自進行成本管理。

設定標準成本時應注意，必須讓現場管理者接受。部門間之間應有統一做法。

9-3 成本管理活動與成本計算

成本管理的具體做法與成本計算方法各有不同，說明如下。

成本管理的四種工作

成本管理首先必須進行開發時的成本管理，也就是①成本企劃。然後，與每年預算管理連動，進行通常性成本管理，稱為②成本計劃的製作。接下來還有③成本改善活動與④成本活動的管理。

①成本企劃

成本企劃乃是進行新產品開發時，根據產品戰略所追求的獲利目標，訂出成本目標。

其次，新產品進入生產線會產生怎樣的實際成本，這部分應有詳細記錄。如果實際成本與目標成本之間差距過大，應找出其原因。

大體上，工廠進行生產時，實際成本會高於目標成本。如何把實際成本控制在目標成本範圍內，是工廠經營者與員工必須努力之處。

②成本計劃的製作

成本計劃主要根據年度獲利計劃與年度營業額計劃，設定目標成本。設定後應讓各部門了解，然後進行調整與檢討，製作年度成本計劃。

其次，也可每個月擬定「月計劃」，把變動因素考量進來，適度地更新。

③成本改善活動

要讓實際成本控制在目標成本範圍內，必須實施具體的成本改善方針與行動計劃，據此展開實際的努力。

④成本活動的管理

成本活動管理主要根據生產活動產生的實際成本，算出不同製品的成本實績。

其次，為了查核成本計劃是否按照計劃推動，應比較目標成本與成本實績，算出不同費用別的成本差額。若差距過大，應找出其原因，回饋給負責的部門。然後，應在最佳時機以淺顯易懂方式，將成本變動狀況報告給經營管理階層了解。

成本計算方法

成本計算目的在於針對成本與預算做有效管理與管制，並且做成決算書。

為此，應先收集從材料到產品做出來為止所有過程產生的費用，以計算產品別成本（參照左頁）。

成本計算順序按照以下步驟。

成本管理的機能體系

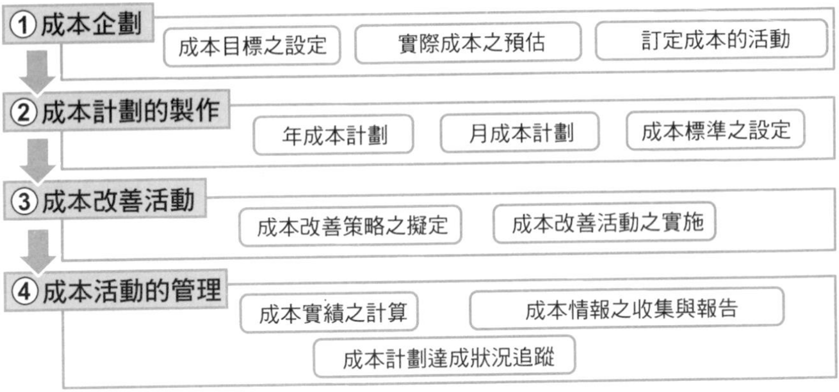

成本計算方法

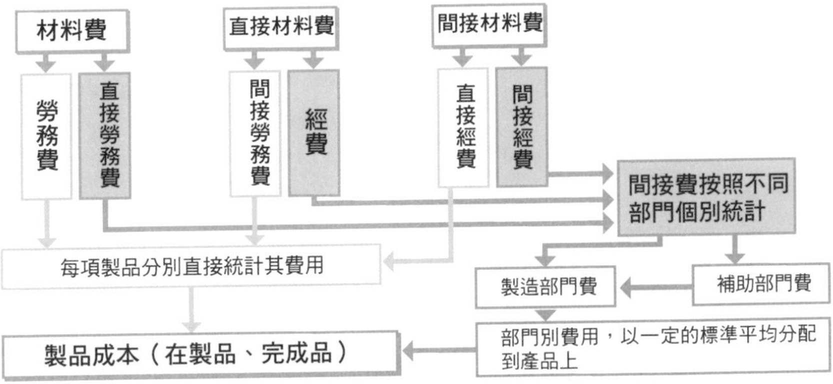

①依照費用種類計算

分別針對材料費、勞務費與製造經費三種項目計算成本，然後分為直接成本與間接成本進行統計。

②依照部門計算

將間接費用放在與直接製造有關的製造部門，輔助性作業放在輔助部門，各自計算該部門的成本。

然後，輔助部門費用加上製造部門，一起統計。

③依照製造成本計算

直接費用直接統計，間接費用以一定標準（比如製品別加工時間、機械時間等）將製造部門統計得到的費用，平均分配到每項產品上面。

9-4

成本改善活動的內容是什麼？

成本改善活動基本上是在產品開發初期階段開始實施。

新商品開發時的成本改善活動

成本企劃的任務在於，從新產品開發、進行企劃到上市為止，持續掌握品質與成本。

有人認為，就像所謂的「打鐵趁熱」，這段時期有高達70～80％改善成本的機會，因此也是大多數企業最重視的（參照次頁上圖表）。

具體而言，產品結構應如何進行簡單的模組設計，避免浪費的新規格設計，讓零組件共通化等等，這類問題都應積極檢討。

其次，「生產性檢討」活動必須在開發稍早階段就由設計部門與製造部門共同進行。若能各自發揮不同部門的專門性，拿到更便宜的原料與零組件，改善產品結構以便容易製造，以及活用生產技術等等，都是必須檢討的範圍。而且，經營檢討時可以邀請專門的部門廠商參與。

這類活動必須在短時間內發揮效率，所以通常由企業內複數部門成員以專案方式推動。

在此主要問題是，許多企業一直忙著趕工，無法仔細檢討改善成本結構的問題，只拼命重視量產。因此，能縮短開發時間、進行產品情報檢索的CE（Concurrent Engineering）與PPM（Product Data Management），未來將會更受重視。

常態性的成本改善活動

常態性的成本改善活動，基本上成本削減活動的目標有三個。

三個之中愈後面的對提高獲利貢獻愈大，但活動範圍也愈廣，需要更長的時間與能量才能實現。

①變動費削減活動

這項活動主要能降低占製造成本60～80％的購買品購買單價。做法例如集中大量購買、招標採購、與其他企業協同採購、海外採購等。另外，公司內應避免工程浪費，進行少數人大量生產的產品設計。

②固定費的變動費化活動

與生產量增減無關，固定費用當作配合生產量支出的費用。

因此，應放棄傳統所有工程都自己做的觀念，只保留核心業務，其餘的用外包或代工進行。目前這已經成為主流做法。

成本企劃階段可改善成本的範圍

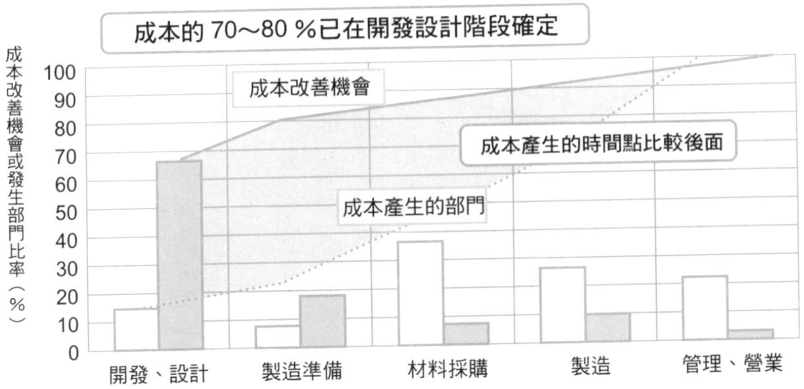

損益分歧點的改善

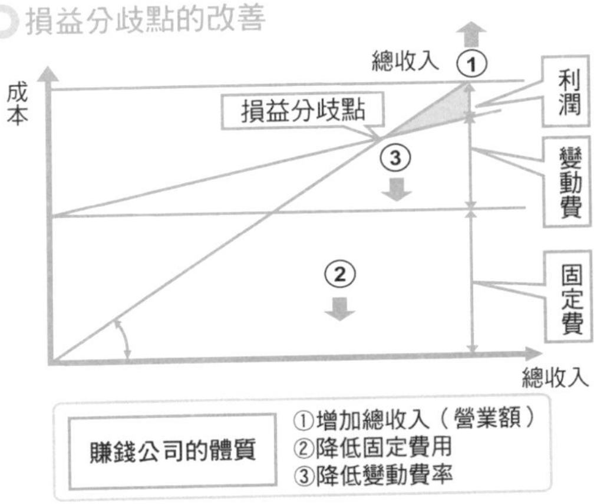

外包的做法在設計、製造與資訊產業、物流業界都很常見。

有些企業甚至連傳統上被認為最核心業務的會計與人事部門工作，也委外辦理。

③固定費用的削減活動

整理與統合人員、土地、設備的企業基礎建設。例如，剩餘的工廠、辦公室與物流據點必須整合，資訊化提高業務效率、削減人事成本等。推動這類活動可搭配損益分歧點分析，更有效率地掌握公司狀況（參照上圖表）。

9-5 ABC成本計算

ABC與ABM可有效改善成本。

傳統企業計算成本主要根據直接費用。其次的間接費用只要根據某項標準（作業時間等），粗略地把費用分配給各種產品即可。

近來，生產線自動化與間接業務高度・複雜化，間接費用占製造成本的比重愈來愈高，傳統的粗略計算方法已不合時宜。

此時派上用場的就是「ABC成本計算法」。

什麼是ABC成本計算法？

ABC成本計算法（Activity Based Costing）又稱為活動基礎成本計算，也就是以生產時消耗的「活動」為計算基準，適當地分配間接費用。

以下用三項「活動（零組件檢查、完成品檢查、出貨檢查）」構成的檢查業務為例，介紹ABC的計算順序。

首先，將分別記錄為支出、交通費與材料費的成本分配給「活動」，計算其成本。計算順序為：

①檢查所需的支出與間接費用統計起來算出總勞務費，然後用各檢查所需時間除以總勞務費，算出三種「活動」成本比例。

②同樣的，材料費與直接費用平均分配給三種「活動」。

③前述結果加起來，就可算出各項「活動」（例如零組件檢查）的成本。

其次，將這種「活動」的成本利用某種標準（活動動因）除以成本統計對象（如製品A）。

比如，零組件檢查「活動」的成本為製品A的零組件檢查分數；出貨檢查「活動」的成本，則是製品A的出貨分數。

用這種做法可精確地將檢查費用分配給製品。比如，針對製品A實施零組件無檢查化，可降低傳統粗略推估無法實現的製品A檢查費用。

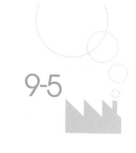

什麼是ABM？

ABM作業基礎管理（Activity Based Management）又稱為活動基礎管理，是改善業務流程的方法。

這種方法通常利用ABC得到的活動成本情報，分析「活動成本降低」與業務流程，推動企業改革活

ABC 進行檢查業務的活動成本計算

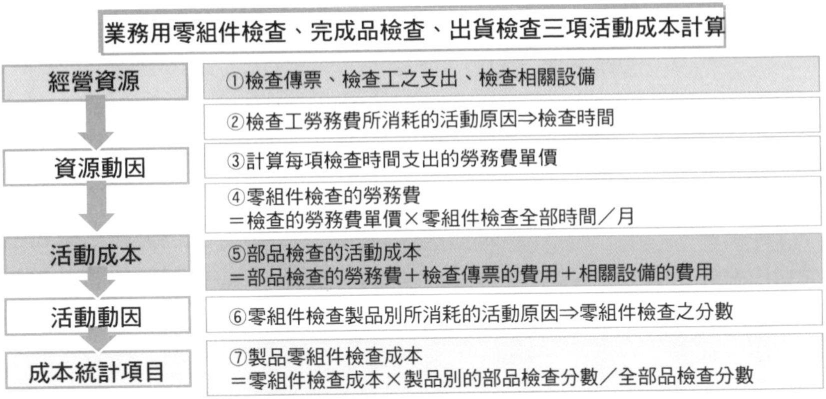
業務用零組件檢查、完成品檢查、出貨檢查三項活動成本計算
經營資源
資源動因
活動成本
活動動因
成本統計項目
①檢查傳票、檢查工之支出、檢查相關設備
②檢查工勞務費所消耗的活動原因⇒檢查時間
③計算每項檢查時間支出的勞務費單價
④零組件檢查的勞務費
＝檢查的勞務費單價×零組件檢查全部時間／月
⑤部品檢查的活動成本
＝部品檢查的勞務費＋檢查傳票的費用＋相關設備的費用
⑥零組件檢查製品別所消耗的活動原因⇒零組件檢查之分數
⑦製品零組件檢查成本
＝零組件檢查成本×製品別的部品檢查分數／全部品檢查分數

ABC 成本計算與 ABM 作業基礎管理

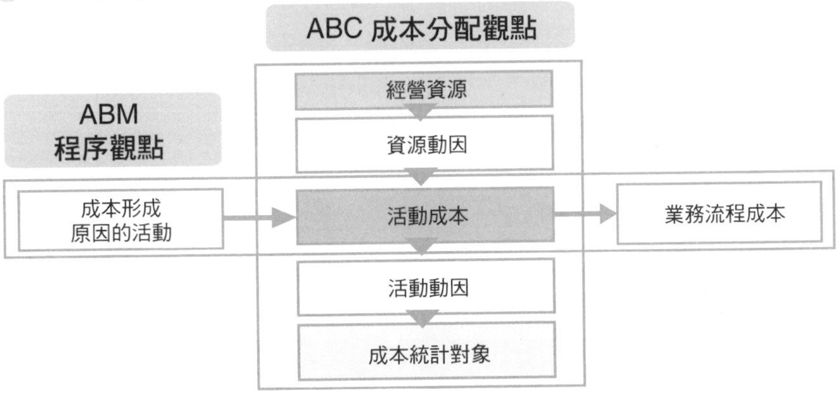
ABC 成本分配觀點
ABM
程序觀點
經營資源
資源動因
成本形成
原因的活動
活動成本
業務流程成本
活動動因
成本統計對象

動。

ABC與ABM的效果

ABC與ABM效果方面，以下是相當好的例子。

①可清楚地看到每筆交易與作業流動花費的成本，有效地改善。

②甚至可以連銷售價格與採購品的成本結構細部都分析出來，有助於設定更適當的售價與進貨價。

③到目前為止所不了解的市場部門赤字，可藉此清楚呈現，作為改變營業戰略的參考。

④外包業者可用這套方法分析發包費用，將隨機下單而改成定期下單，以改善成本。

Column 9

企業經營的戰略

企業要建立企業戰略，加強戰力，與其他公司競爭，可採取以下三種戰略。

第一種是，以「高技術戰略」製造其他公司無法生產的產品，徹底發揮技術優勢。四十年前的IBM以及後來的英特爾、液晶電視的夏普公司，就是最好例子。

第二種是，以「低成本戰略」徹底實現其他公司無法跟進的低成本。創業時期的大榮公司、現在的 UNIQLO（平價連鎖服飾店）以及百元商店，是最主要例子。

第三種是，採取盯緊特定客戶的戰略，提供所有可滿足客戶要求的解決方案。IBM 是最主要例子。近來，幾乎所有情報系統企業都非常重視這種「解決方案」。

以上三種做法只要一種充分發揮，就可讓企業具有更強的競爭力。

相反的，有些企業野心過大，企圖同時建立這三種戰略，備多力分反而失敗。所以，每次只專注推動一項戰略，成功機會較大。

另外還有所謂的「第四戰略」，就是速度戰略。亦即產品上市比其他公司早，客戶下單盡速交貨。美國戴爾電腦與亞馬遜網（網路書店）是其中最典型例子。能充分發揮速度的企業，就有強大競爭力。

雖然工廠以安全第一為優先考量，但為了生存與提高獲利，加強工作速度也是基本要求。提高速度的重點在於盡快滿足客人的需求、削減庫存。但安全與品質仍必須同時注意。

（松林　光男）

第10章 品質管理的架構

10-1 品質管理的目標

明確訂定「品質」與「管理」的目標與內涵，品質管理該做什麼就很清楚。

品質以客戶需求為準

首先，品質是什麼？日本工業標準ＪＩＳ的定義是「整體上用來決定產品或服務能否滿足使用目的之固有性質與性能總合」，換言之，品質就是「可顯示品質與服務好壞的東西」。

不過，關於品質的想法隨時代變化，有範圍愈來愈大的趨勢。一開始，重視的是「產品品質」是否合乎規格，現在則強調「包含產品在內，各種服務能否合乎客戶要求」。

什麼是「客戶所要求的品質」？簡單講就是「能在必要時間，以更便宜價格，提供品質更好與必要量的產品，而且這些產品必須能安全使用」。

為了滿足這項要求，品質管理的目標就是提升「產品與服務的質」。而達成這項目標的同時，自然也必須提升「工作效率與工作結構品質」。

管理是什麼？

其次，所謂管理，簡單講就是企業或工廠業務的維持與改善。

進行管理時，首先必須設定改善的目標。其次，為了實現所設定的目標，應擬定５Ｗ１Ｈ（What、Why、Who、When、Where、How，即做什麼，為什麼，誰來做，什麼時候之前做好，在何處做，用什麼方法做）的具體計劃。

然後根據這項計劃操作，再檢驗其成果。過程中發現有問題，再找出原因、尋求對策，最後便可能達成目標。這一連串的作業就是「管理」。

這套方法由美國戴明博士研發，稱為「ＰＤＣＡ循環（Plan Do Check Action）」，可活用企業內部所有的業務。

品質管理的目標

根據以上說明，所謂品質管理（Quality Control）或譯為「品質管制」），就是「包含產品在內所有服務都必須符合客戶所需的『更高品質、更便宜、即時交貨、能安全使用』，並能使用ＰＤＣＡ循環式品質管理，綜合地維持改善產品與製造方法的活動」。

品質管理活動主要有兩種，一種

品質管理之中的 PDCA 循環（戴明循環）

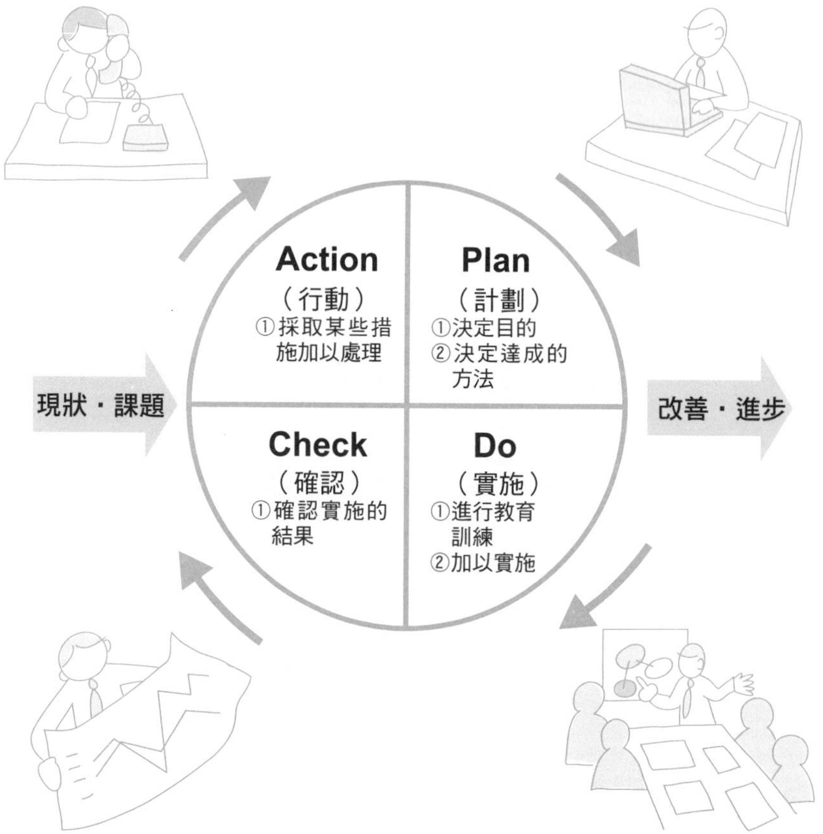

是日常業務與品質目標無法切割的維持與管理活動。另一種是可保證更好品質、提高客戶滿意度的改善活動。

若能巧妙搭配這兩種活動，持續改善與維持，就可讓公司進步、發展。

多年來品質管理活動在各企業以各種形式普及開來，主要原因是品質管理的目標與思考方法（管理、改善、維持、進步）明確，配合目的而實施的方法與工具也很充分。

10-2 什麼是品質保證（QA）？

隨著時代改變，品質保證的意義也不斷變化。

什麼是「品質保證」？

為了對客戶保證自己公司的服務與品質達到一定水準所進行的各種體系性生產活動，稱為「品質保證」（QA，Quality Assurance）。這是一種品質管理為目的或中心的活動。換言之，品質保證是一種「給予客戶『保證品質滿意』的約定，公司內部必須形成各種規矩與工作體制，整體地推動這項目標」。

品質保證之所以愈來愈受重視，主要是因為①品質管理重點已經從原先的品質擴及經濟性、生產性追求，②客戶的品質要求愈來愈高，因此必須有更嚴密的管理與製造更高品質的工作架構。

品質保證活動的演變

隨著經濟環境與客戶要求變化，可以說品質保證活動不斷在演變與進步。

最初主要的想法是「檢查重點主義」，只要徹底進行檢查，不要將不良品賣出公司即可。

但再怎麼認真檢查，也不可達成不良品歸零的目標。更何況檢查發現的不良品，不論是修補或加以廢棄，呆廢料都將成為公司沉重負擔。在電氣製品大量生產的時代，這是不容許發生的事。

接下來重視「工程管理重點主義」，希望工程執行過程中，引進品質要求的觀念。只要工程進行期間重視品質管理，做出的全都是良品，就不需要檢查。這也是提高生產性與信賴性的好方法。

只不過，再怎麼重視工程管理，若產品設計有缺陷，產品還是不可能有好的品質保證。

因此，接下來重視的是「新製品開發重點主義」。也就是，重點放在產品開發階段的品質評估與信賴性檢討，希望開發時就確定能做出優質產品。現代社會有各種消費耐久材，消費者購買這些商品特別重視安全與容易維修，對於消費者而言，這是具有高經濟性的產品，因此，開發設計時應朝這個方向努力。

品質保證活動的推動方式

為了讓公司所有部門一起推展

品質保證工作重點的演變

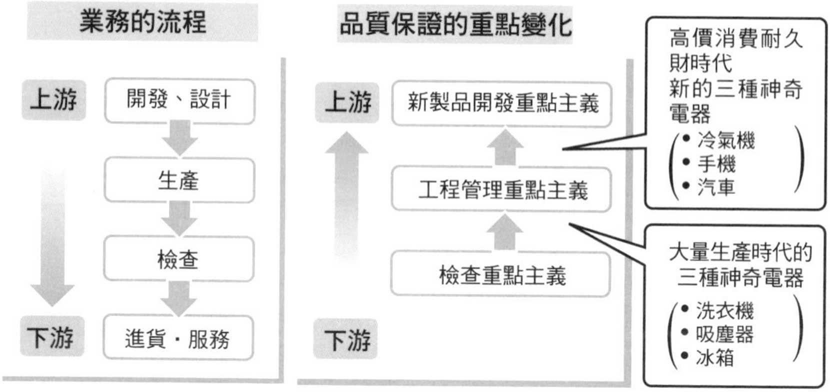

品質保證體制與管理重點

品質保證體系

業務步驟	管理重點
①新製品企劃	根據調查、研究而精確地掌握客戶需求➡反映在企劃書上
②設計、試作	目標品質的設定、設計審查➡設計試作
③量產、試作	各種標準類的作成、生產方式的決定➡市場測試
④購買、外包	建立部材規格、點收與驗收的檢查標準➡選定進貨業者，訂定契約
⑤生產	確認產品已滿足品質要求與水準➡改善
⑥銷售	加強售前服務➡掌握銷售狀況（運動目錄、操作說明書）
⑦售後服務	客戶申訴處理➡消耗品的補給、定期點檢、修理

「品質保證活動」，以下三點非常重要。

①把品質要求放進生產流程
②決定品質保證的實施架構
③進一步將這種架構確立為「品質保證體系」

具體做法是，從產品開發到客戶服務為止，全部流程分為七個階段（參照上圖）。七個階段都有負責人，負責做出高品質產品。確立這項體制之後，還必須製作操作手冊並且進行管理，維持體制有效運作，此時應用PDCA循環法也很重要。

10-3 如何處理消費者投訴？

消費者投訴（客訴）沒有好好處理會對公司經營造成扣分，妥善處理則可加分。

什麼是「消費者投訴」（客訴）？

這裡的「投訴」，原本帶有「要求」的意思，也就是，購買的產品故障或不能達到原先預期品質要求，消費者會提出各種損害補償。不過在國內，消費者來投訴可能只是希望表達不滿而已，未必會要求產品銷售者賠償其損害。

消費者之所以投訴，當然是因為產品品質未能達到標準。因此，若有客戶上門投訴，最重要的是必須立刻加以處理。這類問題放著不管，容易造成更大損失，甚至可能演變成對簿公堂，引來媒體關切以及消費者保護團體指責。

最嚴重的情況是，不只該項產品，製造或販賣該產品的企業，都可能因此被市場淘汰。

反之，妥善處理消費者投訴，可以博得客戶好感，增加銷路。根據「好好先生法則」（即消費者說什麼都對的「顧客至上法則」），經過迅速且妥善處理，抱怨的消費者80％會恢復對該產品的信賴，並願意再度購買。

處理消費者投訴的方法

英國航空公司曾做過一項調查，發現「搭乘飛機覺得很滿意的客戶，會將這種狀況告訴五、六個人。不小心有些服務做不好而不滿，則會向十個人宣傳」。換言之，客戶對於「不滿意」部分更容易積極反映，英國航空公司也據此做了許多調整與改進。

日本花王企業每年都會累積超過十萬件消費者商品投訴資料，整理回饋給開發部門，開發部門再根據這些情報，進行商品開發，就容易推出暢銷產品。這就是「反敗為勝」的好例子。

那麼，一般企業應如何面對消費者投訴？

首先，用誠實態度面對客戶投訴，以最快速度處理，並將結果報告客戶，說明不重蹈覆轍的對策。當然，公司內部必須建立良好體質，確實調查消費者投訴原因，建立防止問題再度發生的對策（參照次頁上圖）。

消費者投訴的處理順序

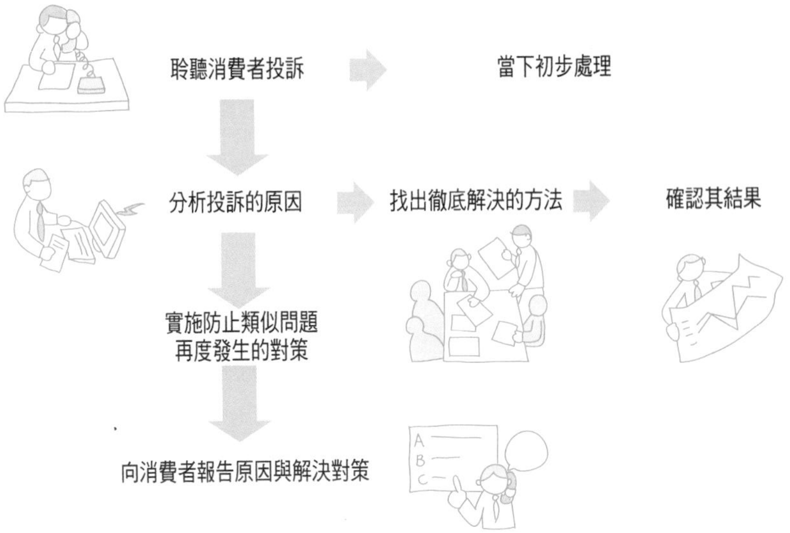

活用資訊科技處理消費者投訴

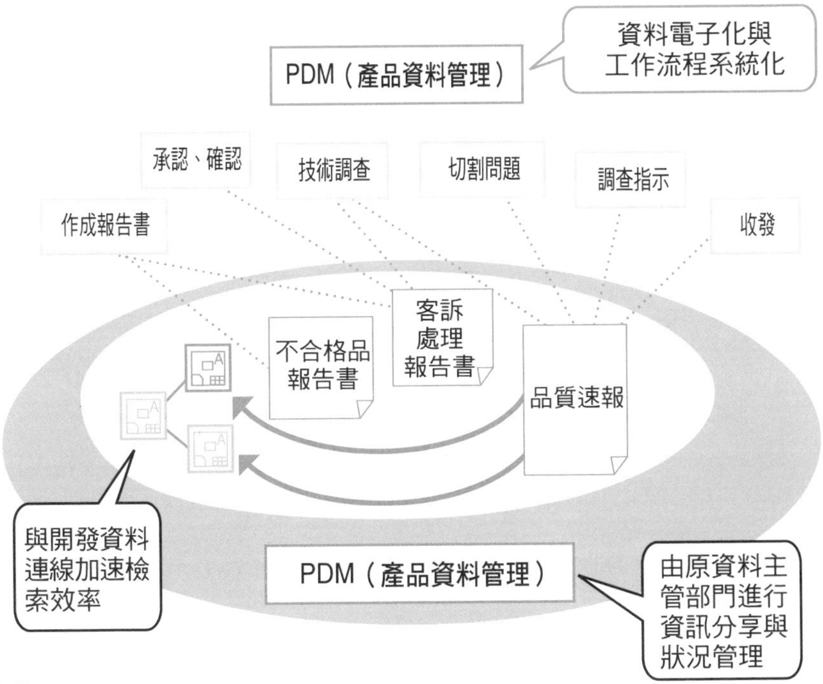

10-4 公司整體推動的品質改善活動

運用工具，必須具有明確的想法與方針，才能有效改善。

進行品質改善活動，必須公司員工建立明確想法，具有相同的價值觀。此外，也必須有可解決問題的工具，建立日常性推展這方面工作的體制。

有效改善品質的工具

改善的工具主要有兩種，一種是將改善順序分為八個階段的「ＱＣ故事」，另一種是可解決明顯問題與課題的工具「ＱＣ法」。其中，「ＱＣ歷程」根據ＰＤＣＡ循環，檢討改善之際容易整理思緒，發表結果時聽的人比較容易了解。

「ＱＣ法」則有許多不同做法。適合初學者與一般人使用的是「ＱＣ七種工具」。這種工具淺顯易懂，而且圖表化，非常便利。

改善推進的體制

要有效率地推動品質管理，必須公司所有部門密切合作，並且包括經營者在內，所有管理者與作業者參與。經營者應明確改善方針，然後管理者按照這項方針建立各部門的活動計劃與相關工作體制。此外，各現場作業者必須組成名為ＱＣ小組的團體，自主改善、解決職場遇到的問題。

養成ＱＣ敏感度

隨著時代改變，ＱＣ也有種種不同標準。比如，七〇年代企業體質優劣的衡量標準是ＴＱＣ（全面品管）。九〇年代前半為ＩＳＯ，九〇年代後半則改稱為ＴＱＭ（全面品質管理）。

但不管評價標準怎樣改變，最重要的仍是從業人員必須養成「ＱＣ敏感度」習慣。也就是，執行業務保持警覺，注意發現問題，有效率地加以解決。要達到這項目標，必須①徹底做好市場調查，②重視事實，③重視計劃，④重視過程，⑤抓出重點，⑥掌握ＱＣ法。

QC 歷程

循環	順序	基本步驟	實施事項
P	1	主題的選定	• 掌握問題點 • 決定主題
	2	現狀的掌握與目標之設定	• 收集事實、決定目標市場對象（特性值） • 決定目標值與實施期限
	3	做成活動計劃	• 決定實施事項 • 決定日程・角色分擔
	4	重要原因解析	• 調查目標市場（特性值）的現狀 • 確認要因，決定對策項目
D	5	對策的檢討與實施	• 檢討對策案，予以具體化 • 決定對策實施的方法並加以實施
C	6	確認效果	• 確認對策結果 • 比較目標值，掌握成果
A	7	告一段落	• 標準化 • 管理方式的定型化
	8	剩餘問題的回饋	• 反映到下次計劃

QC 七種工具

		方式	目的	運用舉例
資料的綜合整理與圖表化	1	層別	用更仔細的角度觀察事物，掌握解決問題的切入點	銷售內容（銷路、滯銷）
	2	柏拉圖	了解會對問題造成影響的項目及其大小比例	ABC 成本計算分析
	3	直方圖	可一目了然看出平均值、資料散佈狀況等等	完成各種加工零組件的重量分布
	4	檢核表	記錄資料的收集與各種物品點檢結果	可了解作業條件與故障發生部位的關係
要因與相關的分析	5	特性要因圖（魚骨圖）	找出「問題（特性）原因」與「可能原因」，加以整理之後確定真正的原因何在	客戶投訴的原因分析
	6	散布圖	觀察兩者之間是否有因果關係或相關關係	可看出營業所營業額與配車台數之關係
不均整資料管理	7	管制圖	能從結果資料了解工作做法是否異常	能將每個零組件重量限制在管理範圍內

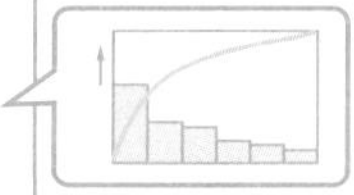

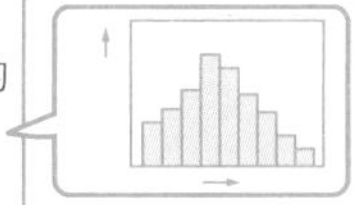

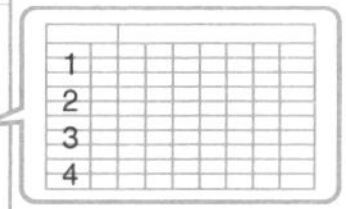

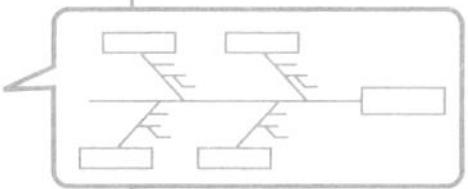

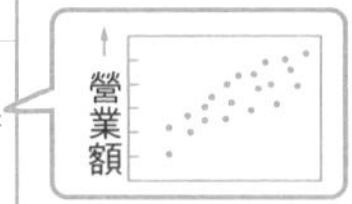

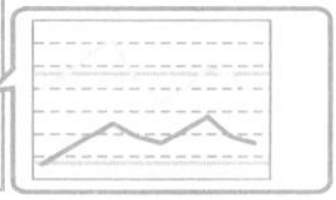

10-5 世界通用的品質標準——ISO認證

通過ISO認證對於製造者與消費者都有好處，堪稱是全球目前最被認同的品質管理機制。

什麼是ISO?

大樓與飯店樓梯口附近常可看到「跑步的人」綠色標誌，代表逃生門。這項標示就是ISO（國際標準化機構）決定，並獲得全世界共同採用的。即使語言不熟悉的國家，只要看到這個符號，就知道緊急狀況時可由此逃生。

另外，ISO100、ISO400等底片規格，也是ISO制定的國際標準。

如果工業產品沒有國際規格標準，可想而知，企業之間一定會產生很多「規格標準化」的爭執，浪費人力物力，減少提升品質、削減成本的機會。

ISO機制對於製造者與消費者都有利，因此很快被全世界接受。

ISO9001與14001

對於製造業而言，「品質管理系統」的國際規格ISO9001，以及組織「環境管理系統」國際規格ISO14001，都很重要。

工商業全球化程度愈來愈深，企業進行採購，多半會要求對方企業與產品，都達到國際認可的品質管理標準。這方面最常見的就是ISO9001。換言之，ISO9001提供了能被全世界接受的品質保證審核標準，通過認證的企業，其所管理或生產的產品乃至於提供的服務，就比較可靠。

另一方面，ISO14001制定於一九九六年，目的是防止工業產品造成地球暖化、帶給環境荷爾蒙不良等惡化地球環境的因素。

如何取得ISO9001認證?

製造業要取得ISO9001認證，必須注意以下要點。

首先，應整合「工作現場流程」與「ISO要求事項」，針對現場實際狀況打造品質保證系統。ISO實行認證時，基本上會一一調查現場流程與實際運用方法是否符合ISO規定的標準，不合的要求修正。

其次，公司內部教育與訓練活動的目的必須明確化，深入檢討教育訓練計畫與實施內容。

取得ISO認證過程中，公司內

ISO的基本思考架構

「ISO」是國際間推動產品與服務標準化的民間主導型非政府組織
定位為民間組織，為全球創造民間規格的機構
ISO
(International Organization for Standardization)
國際標準化機構
成立目的在於讓國際間貿易更順利，全球民眾生活更便利
推動標準化!!

ISO9001與ISO14001

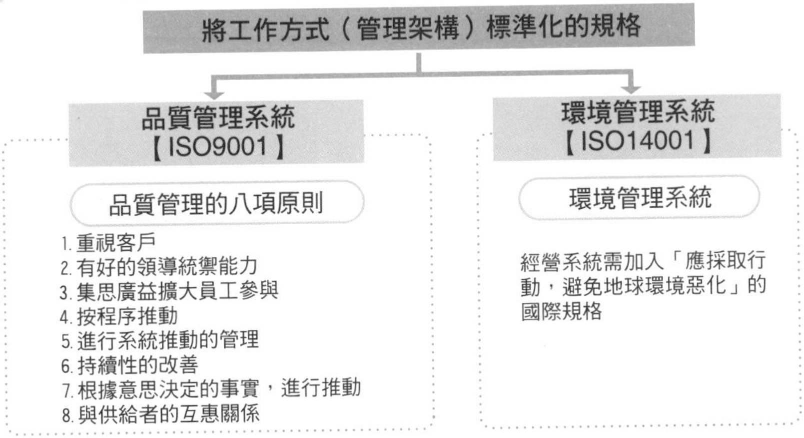
將工作方式（管理架構）標準化的規格
品質管理系統
【ISO9001】
品質管理的八項原則
1. 重視客戶
2. 有好的領導統御能力
3. 集思廣益擴大員工參與
4. 按程序推動
5. 進行系統推動的管理
6. 持續性的改善
7. 根據意思決定的事實，進行推動
8. 與供給者的互惠關係
環境管理系統
【ISO14001】
環境管理系統
經營系統需加入「應採取行動，避免地球環境惡化」的國際規格

部的教育・訓練扮演非常關鍵角色。

所有員工都要有好的、正確的教育，才能清楚了解公司的經營目的與未來展望，有了方向性才能展現良好品質管理。如此，每個員工擔當的「業務內容」與「責任」也可明確化，每個人都更能把工作做好。

10-6 守護食品安全與品質的HACCP

食品安全與品質必須用更嚴格標準進行管理。

食品安全的守護神

吃東西目的無非是為了活命。既然如此，沒有任何人會希望所吃的食物危害健康。換言之，「吃的健康」是所有人共同願望，HACCP（Hazard Analysis and Critical Control Points：危害分析重要管制點）就是為了實現這項願望而訂出衛生管理與品質管理方法，保障食品安全。

最初這項管理規範是美國太空總署（NASA）開發的，目的是保障太空人在太空中飲食的安全性。

HACCP基本思考架構如下。

「原料生產」→「製造、加工」→「保存」→「出貨」→「物流」→「消費」整個過程可能產生的微生物與化學物質、異物，都必須深入調查，分析細節（危害分析：Hazard Analysis）。

根據分析結果，確定其中有可能造成「危害身體」的物質，就需回溯製造工程，找出發生問題的階段，以防止太空人食物中毒，確保飲食安全性（重要管制點：Critical Control Point）。

然後，除了訂定重要管制點，還得確認工程正常稼動，針對溫度、pH值、加熱時間等連續監控，確保食品安全性。

與衛生管理的差異

傳統衛生管理主要進行最終製品抽樣檢查（微生物與細菌抽樣檢查等），確認食品安全性。但這種方法難以保證所有食品都能安全食用。

相對的HACCP從生產過程全面監控，徹底防範可能造成食品不安全的生產環節。

監控過程中若發現異常，可立刻採取對策，防止不良產品出貨，因此能確保工業製造食品安全無虞。

七大原則與十二個步驟

要引進HACCP設計的食品衛生管理與品質管理系統，首先必須製作計劃書（HACCP計劃）。HACCP計劃通常會如左頁圖所示，列出「HACCP七大原則」。

然後配合現場操作，發現做法明顯偏離「HACCP七大原則」時，

HACCP 的十二個步驟與七大原則

步驟	內容	原則	說明
步驟 1	成立 HACCP 團隊		
步驟 2	產品特徵及流通方式		
步驟 3	確定產品消費對象		
步驟 4	產品製造流程、設施圖面與標準作業書之建立		
步驟 5	產品製造流程的現場確認		
步驟 6	危害分析	原則 1	• 所有流程的「危害發生」預測 • 將危害的「原因」、「防範措施」明確化
步驟 7	重要管制點（CCP）的判定	原則 2	將防範措施之中特別重視的部分設定為「重要管制點」
步驟 8	管理標準的建立	原則 3	「重要管制點」之中，設定可確保食品安全性的「管理標準」
步驟 9	監視系統的建立	原則 4	建立審核「管理標準」的方法
步驟 10	矯正措施之建立	原則 5	建立偏離「管理標準」的異常矯正措施
步驟 11	確認 CCP 系統	原則 6	設定 HACCP 計劃的檢驗方法
步驟 12	保存記錄、管理方法的建立	原則 7	記錄之保存、管理方法，記錄之後管理與責任者明確化

立刻擬定修正的計劃。

接下來，根據HACCP計劃，推動監控與改善措施，逐漸進行改良工作，最後便可合格。

10-7 六標準差（6σ）管理法

用於流程改善，以及降低產品不良機率。

什麼是六標準差？

在咖啡店林立的地區，喝咖啡的人常會有種感覺，即便是同一家咖啡店，每次去喝還是發現，咖啡有時太濃、有時太薄，有時酸味過重。這該如何是好？

咖啡味道每次都有差異，就像眼鏡鏡片厚度總是有點不同，這就是統計學所謂的「標準差」。

六標準差管理法目的，在於排除成品質差異的原因，讓客戶隨時享受高品質、穩定的產品與服務。

六標準差是美國電信大廠摩托羅拉公司開發出來的，最初目標是降低產品品質差異造成的損失，希望產品瑕疵發生機率壓縮在六個σ之內（瑕疵發生機率控制在每一百萬個隨機取樣不超過三~四個的範圍）。設定這類目標並加以實現的活動，就是六項標準差管理方法。

舉個例子。如下頁圖所示，A公司與B公司從下單到點收為止，平均日數相同，但B公司點收的日數差異範圍較大。

對於客戶而言，這樣會造成採購商什麼時候點收無法確定，這就是六項標準差的狀況。

什麼是DMAIC

六標準差管理法實際操作中，通常應用DMAIC這種流程分析技術。也就是D（Define：定義）↓M（Measure：測量）↓A（Analyze：分析）↓I（Improve：改善）↓C（Control：控制）五個範疇，運用統計分析方法與QC七種工具等品質管理方法，解決業務經營過程上的各種問題。

這些品質管理方法並不是六標準差管理法出現之後才有的。換言之，六標準差管理法不過是運用早就有的工具，並且引進DMAIC這種流程問題解決方法，結果卻有非常好的效果。

A 公司與 B 公司產品進貨日程的差異

兩家產品點收時間都是預訂三天……

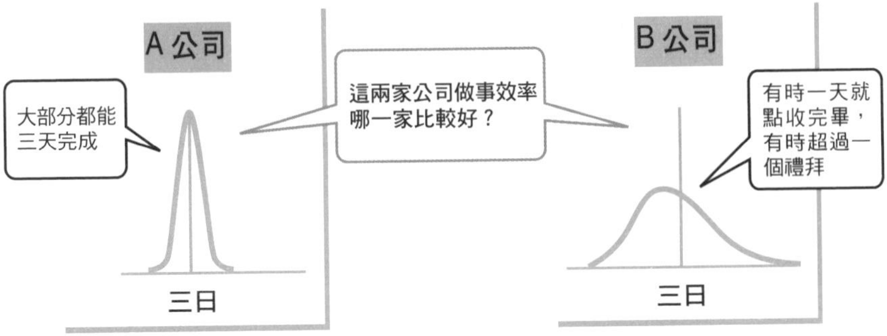

DMAIC 流程分析技術

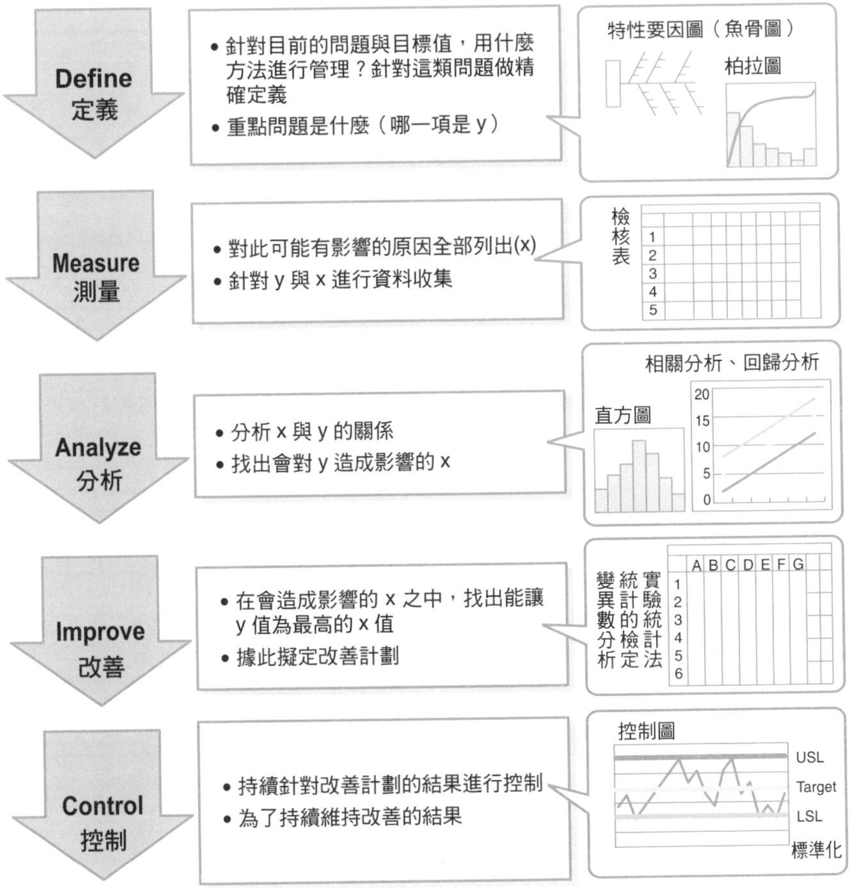

10-8 日本經營品質獎是為了表揚什麼？

這是用來評鑑企業（人、物、錢、情報）品質是否健康、正常的獎項。

用來表彰什麼的獎？

現代社會許多人定期前往醫院接受定期健康檢查，檢查完畢就可知道結果（診斷書）。

同樣的道理，「日本經營品質獎」，針對企業進行健康檢查。其內容主要是評鑑構成企業的經營資源（人、物、錢、情報），是否能在滿足客戶、確保競爭優勢的目標下正常作用。

什麼是美國國家品質獎？

日本經營品質獎（ＪＱＡ）乃參考一九八七年創設的美國國家品質獎（ＭＢＡ），於一九九五年設計。

ＭＢＡ的起源是，雷根總統為了重振美國經濟，希望針對全球優良企業進行分析，找出能「站在客人立場思考」、「引進優良經營方法」的公司，給予獎勵。

這項獎項推出後，受到企業界重視，許多企業根據其評鑑標準，進行內部改革。ＭＢＡ是美國九〇年代經濟復甦重要原因之一，因此，幾年之後日本模仿其做法，推出日本經營品質獎。

日本經營品質獎的評鑑標準

日本經營品質獎評鑑標準主要有七個。大多數國家也都用這七項標準評鑑國內企業經營品質優劣。

通過日本經營品質獎審核標準的企業，可以說就是符合全球標準、「經營品質較高」的企業。

● 日本經營品質獎的評鑑項目

①客戶的品質評價高低
②企業領導人領導能力優劣
③工作程序是否安排恰當
④能否以對話進行「知性」與「知識」的創造
⑤企業經營是否做到速度化
⑥企業經營是否做到協力合作
⑦企業經營是否誠實不欺

日本經營品質獎的架構

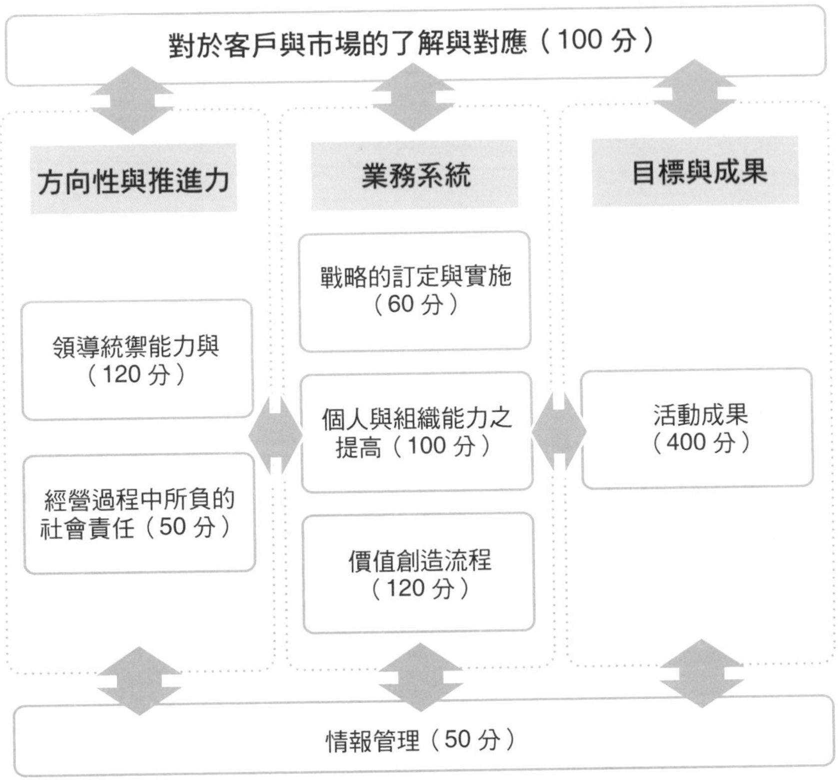

與日本經營品質獎類似的品質管理國際獎項或標準

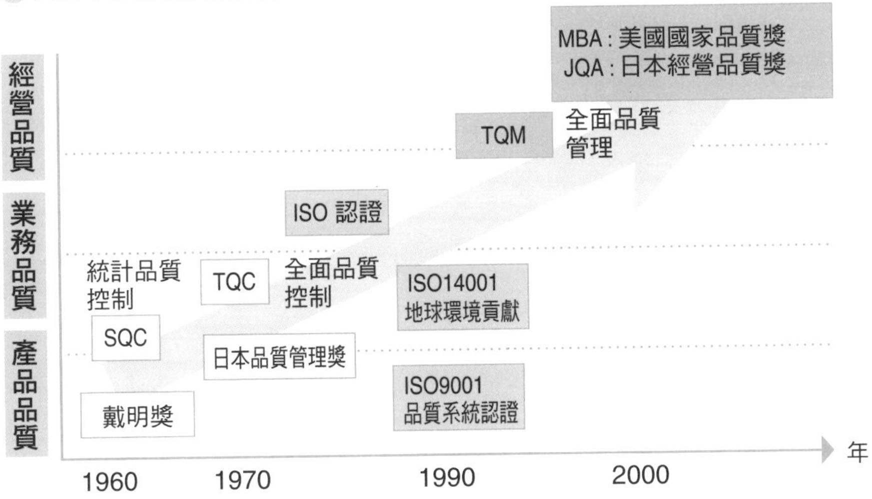

Column 10

人生的航海計劃

任何好的公司都會擬定三年或五年長期計劃。為什麼要擬定計劃？主要目的就是決定目標，並且指出達成目標的方向，擬定具體實施計劃。計劃可以說是讓目標更容易達成的手段。

就像爬山要有地圖，航海需要航海圖，計劃也發揮了類似功能。如果把我們的人生比喻成航海，沒有生涯計劃的人，大概就會像不帶航海圖出海，容易在大海中迷路。

而人生航海圖市面上沒有販賣。任何人想要有成就，發揮抱負，就得擬定目標，建立自己的「航海圖」。

就企業長期計劃而言，主要有營收計劃、利潤計劃、生產計劃、設備投資計劃、人員計劃等。同樣的，人生的航海計劃也應有以下幾種。

首先，和怎樣的人結婚、建立怎樣家庭的家庭計劃。

其次，從事怎樣的工作，比如進入怎樣的公司，擔任什麼職位？另外，如何活用自己的技術與特殊技能，以及是否自行創業等等，都得擬定計劃。

第三，為了做想做的工作，是否該取得某種資格，或者進行相關進修，也就是實施自我啟發計劃。

第四，健康是事業的基礎，所以也得在健康人生與興趣培養方面擬定適當的計劃。

第五，不論是結婚、買房子、孩子的教育還是養老，都需要足夠的資金，因此必須有理財計劃。

第六，社會生活必須有良好的人際關係，一個人無法生存，為了豐富人生，總是需要別人幫助。但想獲得別人幫助，首先必須幫助別人，這方面也得擬定計劃。

當然，也不是說有了以上計劃，一切就會順利。但有計劃總比沒有計劃茫茫然好。總之，有理想、抱負的人，都應建立自己的生涯規劃，具體擬定「航海計劃」。

（松林　光男）

第11章

自動化與資訊科技的運用

11-1

為什麼要進行機械化與自動化？

想在企業競爭中脫穎而出，進行效率更好的設備投資，乃不可或缺。

機械化與自動化的必要性

要提高生產力，投資設備是必須的。製造業的設備投資中，機械化與自動化可說占非常大比重。

另外，企業持續成長最關鍵的是，勞動生產力能否提升。一般而言，勞動生產力和每個人所分配的設備量（勞動裝備率）幾乎同比例。日本製造業勞動裝備率大概是一一〇〇萬日圓，雖然這已經是非常高的數字，但面對國際競爭，日本企業若想生存，還是得繼續提高勞動生產力。

不過，進行設備投資總有風險。如果所投資的是稼動力較低或者無法創造高附加價值的設備，就會造成反效果。但也不能因此就完全不進行投資，否則就會更加消沉，甚至慢性死亡。總之，設備投資是需要的，但必須經過審慎評估。

機械化與自動化的內涵

機械化與自動化主要有四個領域：「加工」、「自動組裝」、「物料自動高效能運輸與管理」、「品質管理等管理工作」。

加工領域方面，常見的有工作機械、安裝電腦的ＮＣ數控工作機、半導體與液晶的製造設備與測試裝置、塑膠成型機、纖維與底片製造裝置、化學裝置等。

初期自動化目的是代替人工，但後來自動化機械做的多半是人工所做不來的事。

另外，許多企業努力開發具有獨特性的機械化與自動化設備、裝置，以便做出其他公司做不出來的產品。

自動組裝領域方面，如左圖所示，應用機器人的狀況非常明顯，而且加工速度提高後，通常會使用專用機。

不過，有的組裝業不想自動化，而把生產線移到工資較便宜的地方。加工領域也有類似現象，以日本為例，通常只有自動化附加價值較高的生產線，才會留在國內。

自動化高效能運輸與管理方面，通常會使用輸送帶、自動分類等。品管等管理工作通常利用電腦，以提高效率。

機械化與自動化的效果

機械化與自動化的運用

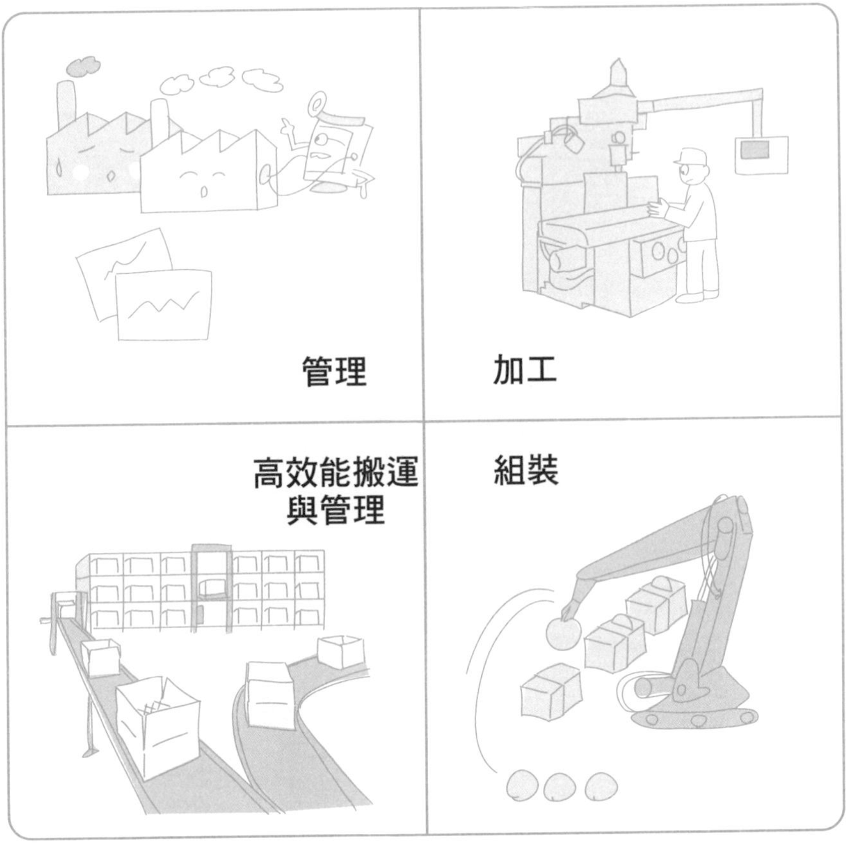

自動化可削減成本、提高速度，達成品質安定、降低工作危險，以及做人工做不出的產品。

削減成本方面主要可降低人事費用。最常見的是自動運輸與倉儲系統。組裝方面也是；不過，若考慮自動化與機械化組裝成本太高，企業可能會把生產線移到國外。

生產速度方面，要達到日產數萬個的生產規模，自動化是必要條件。另外，利用ＮＣ數值控制工作機可進行二十四小時無人加工，縮短交貨期。

品質安定方面，進行自動化可提高部材品質，原因是運用機器人容易挑出不符合規格的部材。此外，和人工不同的是，自動化加工條件固定，產品品質可維持更高穩定度，加工過程中更可留下記錄，事後要進行不良原因分析也較容易。

另外，在惡劣環境中，業界多半會用機器人進行塗裝工作，避免工人受傷。

11-2

為什麼要運用資訊科技？

現代化工程已經無法缺少資訊科技。

資訊科技在工廠扮演的角色

資訊科技（ＩＴ，Information Technology）指電腦有關的各種資料庫、通訊等機能技術總稱。

工廠利用資訊科技方面，就生產領域而言，部材與材料分配過程使用ＭＲＰ的工廠，進行反覆計算、單純量的統計時，因為數據大，自然得電腦化。

此外，和客戶進行情報交換與庫存管理，乃至於做成作業命令書，也都會運用電腦。

資訊科技之所以日新月異，除了電腦本身價格愈來愈便宜，網路普及也是重要原因。所以，工廠員工會使用電腦的愈來愈多，漸漸變成習慣。

硬體方面，電腦控制的生產機器裝置持續開發，愈來愈多的工廠引用。例如，ＩＳＯ相關資料持續電子化。滿足一定條件，也可用電子票據取代傳統紙張與印鑑。

在此所謂「一定的條件」，指的是「不能竄改」、「若有變更即可發現」、「有存取記錄」等，也就是必須具備更可靠的安全管理性。

政府行政電子化也是資訊科技發達重要推手。以國內為例，各級政府許多申請手續都已電子化，甚至連納稅、繳罰單也可上網處理。

如果沒有資訊科技

許多現代化工廠對資訊科技依賴度持續提高，因此電腦當機，生產線就會停擺。

讓我們具體想像，電腦當機時工廠可能出現什麼狀況。

「沒辦法傳 e-mail？那就打電話！什麼，電話號碼記在電腦裡面！」員工想出差、訂飯店房間，也可能因為電腦當機大為麻煩。確實，今天許多重要飯店訂房業務都已網路化，上網遠比打電話有效率。

除此之外，許多公司的請款單、訂單乃至於員工薪水計算，都應用到電腦，沒有電腦許多作業都可能造成大亂。

那麼，製造現場又如何？

走進工廠就會發現，許多工作機械都已改成電腦自動控制。更不用說自動倉儲與輸送帶控制，當然也都運用電腦。換言之，需要多少零組件，可以生產多少產品，都用電腦進行調查與控制。過程中最常應用的是公司內部區域網路，以及網際網路。

只要看一個公司的網路運用狀況，就可了解該工廠對資訊科技依賴程度高低。

資訊科技的關鍵技術

電腦與網際網路普及化

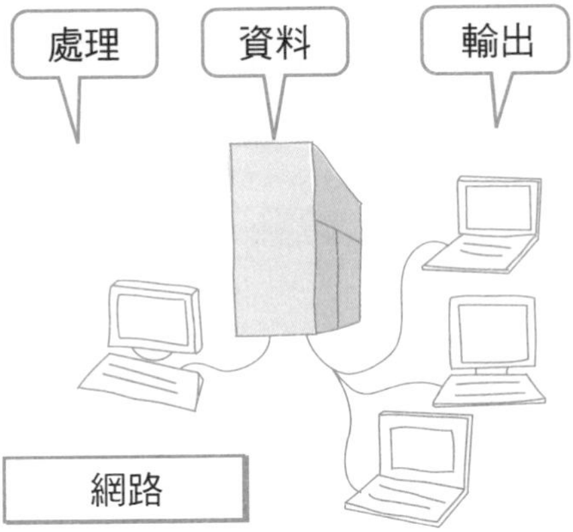

資訊科技的未來課題

如上圖所示，資訊科技關鍵技術簡單講就是資料、處理、輸出與通訊。

所謂「處理」，就是電腦處理速度快慢。電腦價格不斷降低，處理速度卻持續提高，未來仍將維持這種趨勢。

表現能力方面，電腦早已從黑白文字演變到能繪圖、傳送影音資料，甚至可看電影、打視訊電話。網路方面一G／六〇〇M的光纖通訊也已經進入許多家庭。

資料方面，如何從大量資料選出所需的，則是使用者亦即工廠能力的高低所在。

11-3 工廠經營與操作的主要系統

善加運用ERP，活化公司業務。

什麼是ERP？

ERP（Enterprise Resource Planning企業資源規劃），就是有效利用企業的經營資源（人、物、錢），提升企業整體效率的經營法或概念。

ERP套裝軟體則是，支援運用最新資訊科技，管理企業整體經營資源，亦即「主要業務」的統合情報系統。其管理內容包括從接單到出貨為止的供應鏈、製品與部材管理，以管理會計與財務會計進行資金與現金流量管理。然後以人事管理進行人事資源的經營。

關於ERP套裝軟體，許多人有一種疑問，是不是即使只使用部分模組，ERP仍可發揮功能？確實如此，即使只部分引用也可發揮功能。

因為ERP套裝軟體的核心功能就是以MRP製造資源規劃為主形成的生產管理系統與財務、會計管理業務支援系統，以及人事管理業務系統等，從而進行機能擴張，往公司業務支援發展而成的。

原先存在的系統可進行部分更換。因此，最好先調查ERP的重點領域為何，和更換的領域對照，才能做出最佳選擇。

不過，ERP套件的利基畢竟仍是提供製造業業務全面支援，所以，部分引進可能造成優點不彰。此外，數據連接電路與密碼體系差異必須解決，才能進行變換作業，整個系統負擔就會跟著變大。

許多新公司或國外新建工廠成立時，常毫無修正地引進全部模組。在國內進行部分引進之所以能順暢進行，主要是因為發揮了套裝軟體的優點，應用其標準機能，並且因為變更較少，導入期間與勞力都可縮短。

ERP套裝軟體的特徵

ERP套裝軟體的功能，首先是資料一元化管理與快速處理。最近為了呼應全球化要求，進行多樣化的生產型態，ERP套裝軟體能處理複數公司的連結決算以及多語言應用，也可處理複數通貨之間的交易。

導入時使用的業務分析手法與開發支援工具已更加完備，利用這種設備、經驗豐富的SI（系統、整合）

ERP 含括的範圍

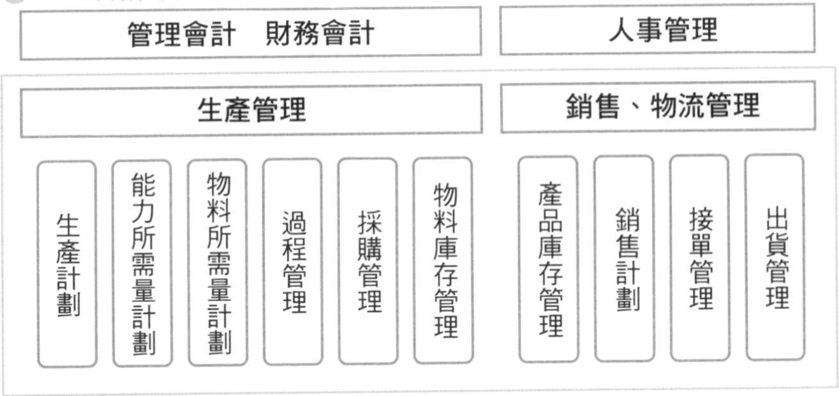

供應商也持續增加。換言之，公司即使不進行人材培育，也可利用這種系統進行外包，降低支出。

另外，近年來許多企業要求變成ERP套裝軟體標準機能，產生各式各樣的商業模型。總之，ERP標準功能已漸漸變成業界標準與先進的模型。

ERP為何能完成BPR？

引進傳統系統開發或套件時，計劃案目標是讓系統和業務緊緊相扣。

不過，如果不變更ERP套件而引進，讓業務配合系統具備的機能，就可進行業務改革，BPR（商業流程、工程）便可因此獲得實現。

此時必須注意，先冷靜分析自己公司的做法優缺點。如果連原本自己的長處都牽就套件，可能反而讓業務弱化。換言之，公司強項應盡量保留。

還有，系統本身雖可用錢購買，但資料沒辦法買到，能否快速收集正確資料，是工廠經營重大課題。

11-4 支援技術的情報系統

CAD與CAM、PDM與PLM、CAE與CAT等，都值得探討。

PDM與PLM

PDM產品資料管理（Product Data Management）屬於技術情報管理系統，其架構內涵是，進行設計開發業務過程中，用整合性的方法進行產品相關情報一元化管理。在這個領域中，PLM（Product Life Cycle Management）愈來愈受歡迎（參照次頁上圖）。

PLM中文是產品生命週期管理。其中，產品收益管理可說從產品企劃階段到開發、生產、銷售、維修與停產為止，全部業務流程都可應用這種管理系統。另外，以PDM為核心的ERP各種次系統，以及產品資料庫DB也就是產品結構、技術情報、計劃管理、庫存與成本情報、營收等，都實施共有化。

除此之外，也可和以下的系統搭配操作。

首先，利用CRM客戶關係管理可盡早反映客戶要求，縮短Time to Market（進入市場的時間）。

然後，與MES製造執行系統的界面為雙方性，所以能在提供工程情報的同時，回饋製造時機與品質情報，並在此情況下進行設計變更。

除了管理PLM這種設計情報的系統，支援技術部門作業自動化的電腦應用，也愈來愈盛行（參照次頁下圖）。

CAD與CAE

所謂CAD（Computer Aided Design），指利用電腦輔助支援而進行設計，其輸出是二次元圖像與三次元立體模型。和傳統手寫作業相比，這種系統較容易完成工作，而且圖像情報能以數據保存，因此能讓複數設計技術者同行進行開發。

這類資料就會變成接下來作業支援系統的輸入情報。首先是CAE電腦輔助工程分析（Computer Aided Engieering）乃是利用電腦資源進行分析，應用在邏輯模擬與構造分析、彎曲等應力分析。在設計階段也可用來控制品質。

早期常做成實物尺寸的模型，支援營業活動時也可使用RP快速成型（Rapid Prototyping），但現在使用3D的CAD，可在短期做成立體

支援技術的電腦系統

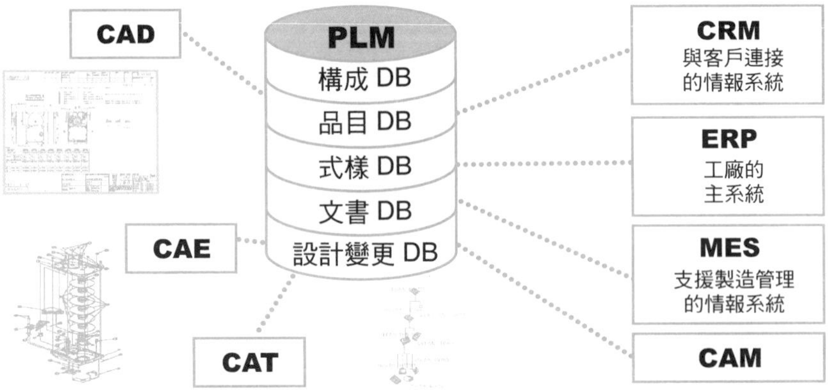

以電腦進行作業自動化支援

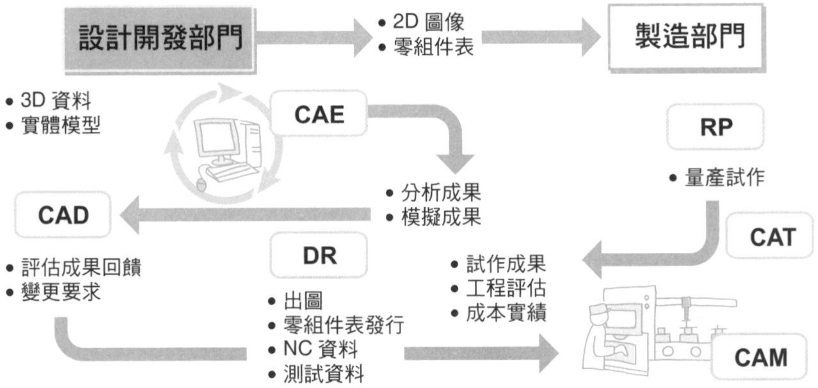

模型，進行產品優劣評估。

CAM與CAT

所謂CAM電腦輔助製造（Computer Aided Manufacturing）就是利用電腦進行製造活動自動化的支援，過程中會自動形成NC（數控）資料、機器人，使用的程式以及參數等。

另外，CAT電腦輔助測試（Computer Aided Testing）乃是利用電腦進行的測試自動化支援，和CAE搭配可製作測試資料，進行自動測試與成果分析。

11-5

支援製造管理的情報系統

相對於製造規劃系統，支持實際作業的是MES。

MES的作用

MES製造執行系統（Manufacturing Execution System）是相對於MRP物料需求規劃等規劃系統，在製造現場支援實際作業的實行系統。

工廠的各種系統之中，MES的定位大概在ERP、SCM供應鏈管理這類基礎系統，與生產設備、測試等控制系統系統之間。

MES主要作用在於快速進行作業命令的發送與作業實績收集，並讓計劃與實行無縫接軌（參照次頁上圖）。

MES又稱為工廠營運管制系統，大致由下列五種功能構成（參照次頁下圖）。

①所謂製造命令（工序）就是，根據MRP以及產品生產命令等的小日程計劃，針對最近的計劃訂單而指示各工程與裝置製造發動日。按照這項命令進行的製造活動完成，以及部材使用實績，快速進行的相關報告，就是②實績收集。

作業命令下達之後的作業訂單方面，比較預定與實績而進行優先順位變更的同時，按照預定狀況實施作業，這就是③工程進度管理。每項工程與產品都需要評鑑其作業進度實績與原先預估的差異，若差異太大，就必須找出其原因，提出改善對策。

這項結果反映在基本情報上，就是④作業實績評鑑管理。

根據評鑑實績而重新評估工程所使用的作業順序與標準時間等基本情報，並適度更新，乃是⑤工程基本情報管理的工作。

製造命令特別重要

做成作業命令而指示各工程進行製造時，必須考量目前的作業狀況與工程能力，不可下達難以實現、浪費的命令。

這就是CRP產能需求規劃，又稱為「生產排程」，主要包含以下四項步驟。

①來自MRP的規劃工序，按照不同工程作業展開，進行遵守期限交貨的確認。

②每項工作都會有些負荷，統整為製作工程負荷表，稱為累積負荷，在

工廠營運管制的作用

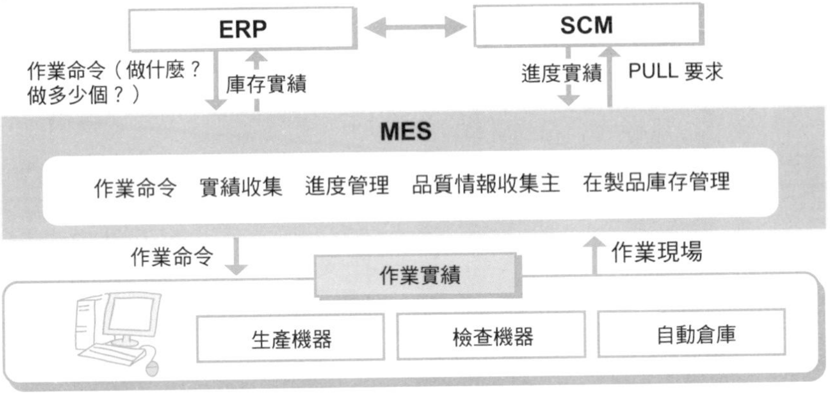

工廠營運管制系統的運作

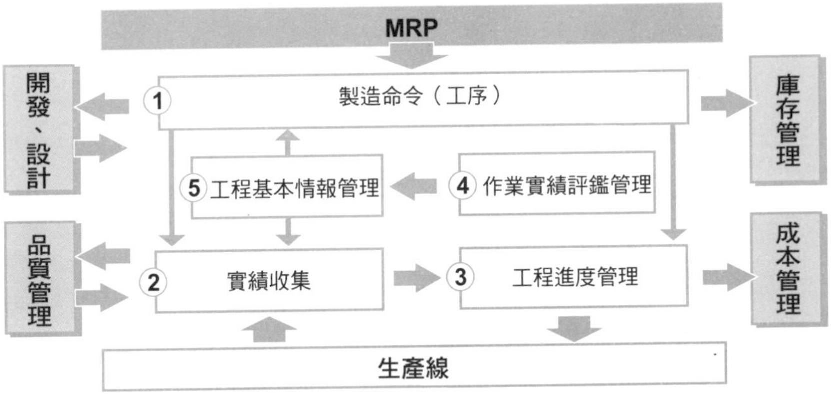

設定能力無限的情況下，將所有產品累積起來。然後選擇可能會發生塞車的工程進行重點管理。

③超過工程能力的部分，另行調整生產排程。為了按時交貨，原則上應提前進行生產。

④有時會從能力極限的角度調整機械與設備。若還是趕不上進度，可用加班或假日上班乃至於請其他部門支援人力的方式因應。

當工廠定位為特定生產據點時，ＭＥＳ就會成為工廠主系統。

規劃系統運用在總公司工廠，實行系統則運用在各工廠（如國際工廠等），即使與作業系統的網路連接切斷，還是可以維持近一週的作業。

11-6

自動化與情報系統

製造現場的資訊科技有哪些？

工廠自動化不可缺少資訊科技

許多工廠內部有各式各樣的自動化機器。例如，進行產品組裝、塗裝、在底盤打洞的自動鑽孔機以及自動製造作業的機器，很多都是自動化操作。另外還有自動搬運機、輸送帶以及吊車、產品測試機器，很多也都已自動化。

雖然可由操作人員用眼睛與耳朵確認，把工作做好，但機器沒辦法隨時溝通，只能事先設定操作模式。

電腦與電腦相關技術，搭配網路，可用來管理工廠的自動機器。架構雖有點複雜，但基本上具備五種功能。

第一種是控制整個工廠的功能，稱為ＭＥＳ。其中最關鍵的是工程管理系統。也就是針對什麼東西必須在什麼時候之前做多少個，在哪裡做等等計劃如何實施，進行實績管理。然後，從ＭＥＳ經由網路對各機械發出作業預定的通知。

剩下的四種功能如圖中「自動機器控制的架構」所示，一般都安裝在自動機器內部。

首先是作動部，功能是抓住物品、進行彎曲或打洞。

迴轉主要利用步進電動機等；直線運動則使用油壓機器等。

針對作動部與機構部下迴轉角度與迴轉速度等細部作業下令的，是調節器。主要利用定序器或ＰＬＣ（程序邏輯調節器）這種裝置，進行自動機器固有動作的控制。

這類技術稱為機電一體化。這是機械工程技術與電子工程技術兩種用語融合成的專有名詞。

其次，傳遞給調節器的數據與資料，主要是抓住零組件或加以移動、打洞、切削等作業所要求的資料。將要求變換成為資料的，就是前述的控制ＰＣ。

一項作業的完成或異常狀況出現，乃至於接下來該做什麼動作，判斷所需的資料都得送給調節器。此外，將作業結果經由網路回饋給ＭＥＳ，是這種ＰＣ的機能。

不過，雖說是ＰＣ，不一定要使用筆記型或桌上型，也可把ＣＰＵ或記憶體、輸出入裝置等，分別安裝在自動機器上。

自動機器的五種機能

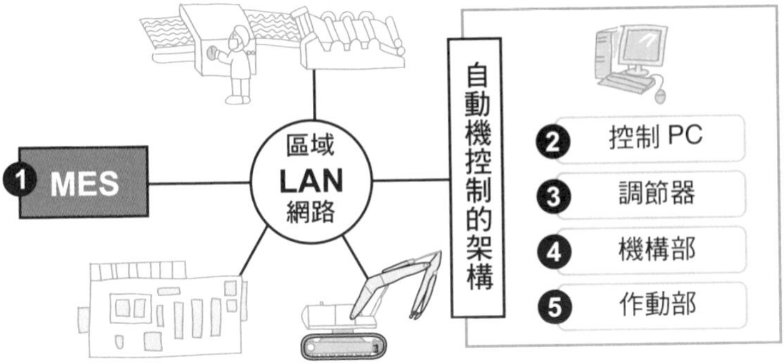

兩種通訊連結法

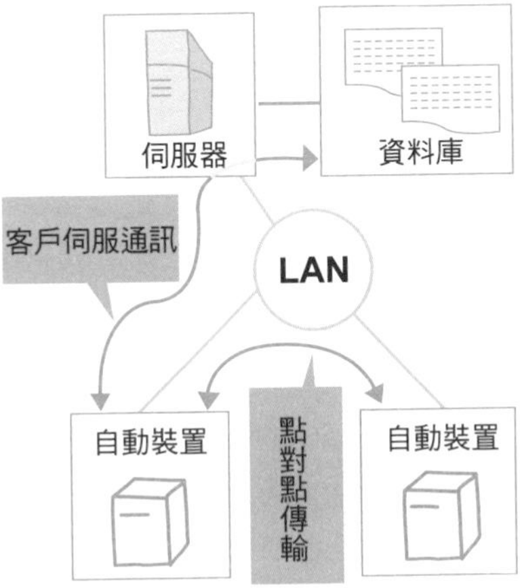

利用網路進行作業連結

這種電腦可利用網路進行對話。為了讓自動搬送機更順暢地把零組件與產品交給機器人，必須讓不同自動機器內部的PC進行交換情報作業同期化（P2P，即點對點的傳輸）。

測試工程必須判定PC上的測試軟體優劣，其診斷結果經由網路送給伺服器，就可成為基礎資料庫（客戶伺服通訊）。

這些測試結果的資料，可當作品質管理資料使用，也可用在工程設計修正與作業順序，零組件品質分析等方面。

11-7 與客戶互動的情報系統①

一起來認識CRM與網路商務操作架構。

CRM指客戶與市場動向管理

CRM（customer relationship management）即「客戶關係管理」。相對於站在提供者角度掌握產品與情報系統的架構是SCM供應鏈管理，CRM站在被提供者的角度，掌握情報，可用來迅速反應客戶與市場動向。

這種概念的基本想法是，廠商與客戶之間必須更順暢地對話，廠商得提供讓客戶更滿意的產品與服務。

以下將客戶區分為一般消費者與企業，分別進行說明。

B2C的架構

B2C（Business to Consumer）指連結企業與消費者的電子商務。日本利用網路書店、網路購物與手機訂票服務等的B2C市場，二〇〇三年為四兆日元，到二〇一七年為八兆日元，成長超過兩倍。

製造業領域最典型的B2C是個人電腦銷售。也就是，廠商透過網路快速掌握買方指定的產品，可說是「客製化」時代快速有效的方式。

另外，食品與傢俱等重視個性與特色的商品，廠商也會利用網路等方法，掌握客戶的需求與消費潮流。

除了電子商務，許多公司成立和客戶溝通的窗口「客服中心」。客服中心負責解決客戶抱怨與產品申訴問題，了解消費者要求，在改善產品與服務方面具有重要功能。客服中心做好客戶情報管理，服務客戶會更有效率。特別是保險公司與電力公司，目前多採取這種作法。製造業的健康食品廠商，也有類似做法。

B2B的架構

其次介紹B2B（Business to Business）的做法與意義。

大部分企業都已利用電子資料交換接訂單，但因為通訊議定書與資料格式標準化問題，過去只有往來密切金額龐大的企業才會利用電子商務。

不過，近年來網路發達，EC這種情報交換環境完備化，如今幾乎所有企業都用網路進行資料交換。

EC又稱為電子商務，也可另指電子當舖與拍賣會場。製造業方面，

CRM 的架構

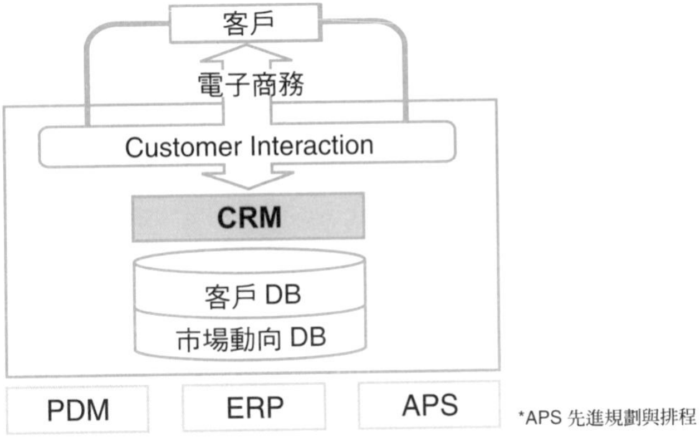

網路商務的定位

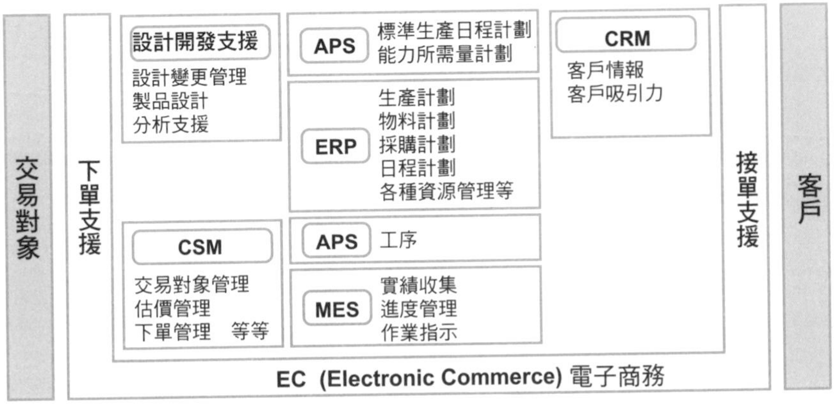

所有業務程序的資訊都可進行電子化，經由網路連結彼此的系統。

於是，從市場調查、下接訂單，到製造、進貨與匯款等過程，不管物品還是金錢的流動，都可利用電子處理。和個別客戶交易相關的情報方面，也可建立客戶基本資料，用來進行客戶潛在需要分析、了解產品便利性，以及提高客戶滿意度。

這套做法能讓新客戶成為常客，常客成為「特定客戶」，對於擴大收益有相當大幫助。

有人認為，電子商務能創造更多樣化的交易型態、有效進行異業種情報交換，實現虛擬公司。未來預期也將出現各種企業流程革新。

11-8 與客戶互動的情報系統②

利用EDI與SCM和客戶建立各種情報互動。

SCM之中，客戶最重要

SCM就是供應鏈管理。具體而言，就是「利用最新資訊科技，將所掌握的市場訊息傳遞給生產線，生產部門則將這份訊息傳給零組件供應單位，希望最短時間內建立呼應市場需求的生產體制」。

左頁圖的SCM模型，銷售與物流的部分意義在於，FULFILL（履行）客戶要求。另一方面，補貨的英文是 REPLENISH，也可譯為「補充」。

企業間的供應鏈方面，FULFILL與客戶也就是下游企業的 REPLENISH 相關連，按照傳統做法，也就是根據命令與要求進行補充，則速度太慢。

因此，不可依賴情報傳遞而應利用情報共有，了解下游企業的要求是什麼，事先建立滿足對方要求的體制。用SCM的話來講就是「客戶至上」。

接下來的工程還是得隨時想到客戶。如果能隨時向前看，就可得到客戶相挺，這是供應鏈管理基本觀念。

將這種想法共有化、建立彼此信賴關係所形成的SCM團體，就可發揮威力。

反之，如果只有部分企業能享受利益，這種互助互利關係就無法建立。也就是，必須用對等態度讓集團內各企業都享受利益，如此雙贏交易關係是必須的。

過去只有資本集團化的企業之間，以及企業集團內部極小範圍內，才有企業間的合作，但近來集團內部或企業內部為了提升競爭力，會與不曾往來的競爭對手企業進行交易。

再加上市場與生產據點全球化趨勢，企業本身的存在價值是什麼，應歸屬哪種SCM團體，都必須選擇。獨立企業之間必須有強固夥伴關係，其重要性就在這裡。

SCM可完成重要的資訊化

SCM另一個重要價值在於，可建構情報共有的資訊環境。所謂EDI（電子資料交換），就是將商務有關的情報標準化，以電子進行交換。此時必須使用專用電話線與專用軟體，因此能完全實施電子交易與電子

SCM 步驟模型

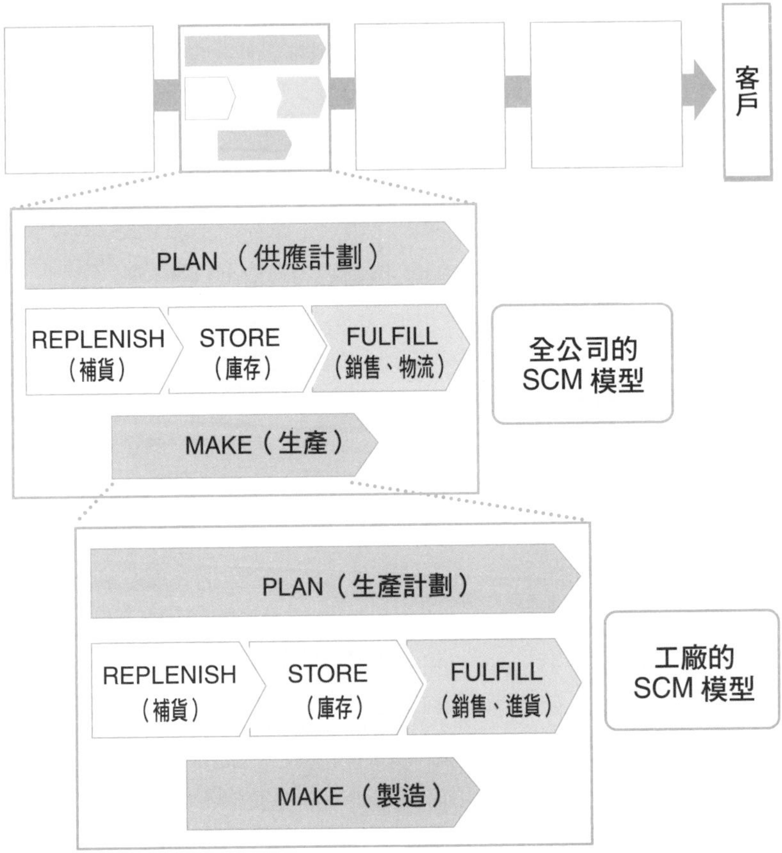

情報交換的企業，似乎還很少。

那麼，數個企業如何能同時共享情報？目前一般做法是經由網路使用ＷＥＢ瀏覽器，或使用ＸＭＬ網頁語言，在基礎系統之間進行資料交換。這方面的技術與國際標準正在逐步開發。

不過更重要的是，必須和客戶建立強固夥伴關係，其做法不只是利用看板、ＶＭＩ供應商管理庫存或ＥＤＩ電子資料交換，還需運用各種先進資訊科技。ＳＣＭ團體成員的彼此競爭，預料將成為今後課題。

Column 11

大學的 FD 與品質管理

近年來日本大學非常盛行 FD（Faculty Development）這句話，意思是「大學教師專業發展」，簡單講就是「所有教師都必須改善教學，提升學生滿意度」。過去許多大學被批判，說只重研究而不重教學，惡劣的教學品質完全默視學生需求。引進 FD 機制就是要改進這種缺點。

二次大戰後日本產業界持續引進 TQC 與 TQM 等品質管理思想，透過 PDCA 循環的運作，把客戶的聲音回饋給開發與生產部門，因此能改善機能與品質，提高客戶滿意度。

結果造成八〇年代紅遍全球的「日本奇蹟」，創造了豐田汽車這類國際級企業。

不過，日本製造業之外的其他部門，品質管理思想並未受到重視，特別是大學校園，許多教師對於「品質管理」，到今天仍有很強的排斥感。

這樣的排斥感合理嗎？

所謂「研究」，無非是建立可用來了解自然界與社會現象的假設，然後透過觀察與實驗，確認假設是否正確，進一步有必要則修正假設。這些過程和 PDCA 循環其實沒有兩樣。

重點在於，目前受到關注的上課與教育這類問題，基本上都是為了讓各種知識回饋給學生。所以，把學生當作客戶的比喻，並無不當。當然，要求改善上課內容不是希望教授好學生。而是教授能聆聽學生的意見與感想，知道學生上課能否理解、心情怎樣，就可改進上課內容與方法，調整身體動作、聲音高低等等，讓上課效率更好。

當然，也有人認為，太強調 FD 將導致授課內容與看法整齊劃一。這也是似是而非的說法。講課學生聽懂、受學生支持的老師，自然會發展出獨特理論、思想與教學方法，展現其個性。

所以，大學教授不妨參考製造業做法，從品質管理的角度改善教學。

（太田原　準）

第12章

工廠的未來

12-1

工廠面對未來的各種變化

經營企業不能一成不變，墨守成規將被淘汰。

製造業所扮演功能的改變

對於製造業而言，可以說無論任何時代，競爭都非常激烈。各式各樣的變革不斷出現，許多工廠因為階段性角色結束而倒閉，但也不斷冒出新工廠。即使外觀沒改變，許多工廠做的事情卻已經完全改變。

數十年來即使全球製造業出現一波又一波的變革，日本製造業還是能乘風破浪，至今相當程度保持「製造業」的美譽。

左圖是近年來襲擊製造業的變革風潮。對策的部分則是日本著名企業社長意見的綜合整理。

雖然全球化並不是新概念，但其內容已經和以往不同。簡單講，目前企業面臨的最大挑戰是，如何以全世界為市場，進行全球化經營，提升經營能力。

網路盛行之後，消費者能獲得更多情報，聲音更大。所以，不可心存馬虎或者企圖矇混過關，企業唯有推出能讓消費者安心的產品，才有生存機會。對於製造業而言，這是生死關鍵。

首先，企業必須嚴格自我要求，誠實遵守規劃。企業經營必須對消費者乃至於維護地球環境有所承諾。因此，取得ＩＳＯ１４０００是必備條件。

商品泛濫時代企業如何生存？

商品泛濫的時代，消費者只會把錢花在符合自己愛好的地方，以大量生產、大量消費為前提所建構的生產方式，已不再吃香。唯有建立能細膩反應客戶需求的生產體制，才是競爭力所在。

所以，企業經營不能再像過去那樣散彈打鳥，而必須採取「選擇與集中」戰略。「什麼都要」的企業一定會被打敗。換言之，企業得找出自己的戰略領域，集中經營資源。自己不做的領域，可以和該領域擅長的企業結盟。

另外，直接金融化的速度還會加快，過去間接金融為主的時代，企業資金調動主要依賴銀行融資，即使毛利低也可活下去。但現在取得銀行貸款不易，只能向債券市場與股票市場籌資，毛利太低的企業會被淘汰。所

被迫改革的製造業

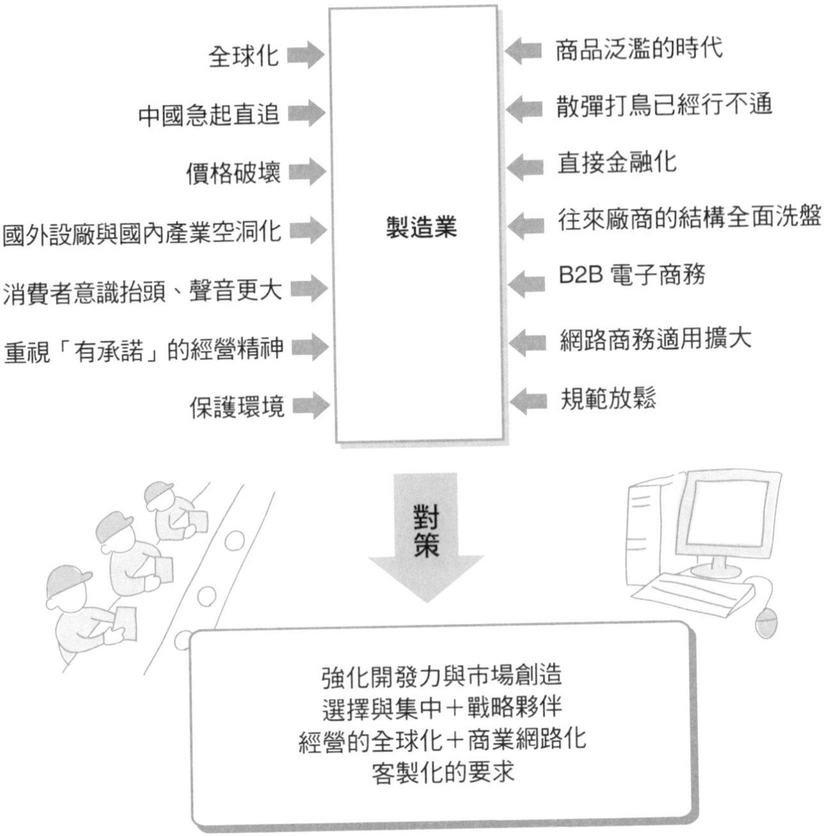

以同樣的道理，還是得放棄什麼都要的習慣，經營資源集中投注利潤較高的事業。同樣的道理，選擇往來廠商時，重視的也是實力主義。

掌握改變企業型態的機會

商務電子化也是不可忽略的一環。藉由「選擇與其中」，可以把物流、資訊、福利與薪資計算等工作外包，讓外包廠商發揮最大功能。構成SCM的企業，也可發揮同樣功能。像這樣連結企業與企業的做法，就是電子商務的重點。

另外，許多規範放鬆帶來新商機，例如，手機如今已晉級5G電話市場，類似的擴散效應絕不容忽略。

12-2

中國製造業與日本製造業

兩國之間如何分工、共創雙贏，是今後重要課題。

九〇年代後半開始，中國製造業突飛猛進。甚至有人認為，今天的中國已經變成，日本人做得出來的東西，他們也一定辦得到。

相對的，日本出現製造業「工匠傳統」無人承繼、空洞化的危機。許多日本工廠被迫遷到中國，更有許多因為無法與廉價商品競爭而倒閉。

但另一方面，消費者能享受到廉價中國產品，是受惠的一群。以UNIQLO廉價服飾為代表的「中國製」產品物廉價美，充斥日本商店街。兩國之間的自由貿易已經實現，和過去相比，兩國民眾生活水準雙雙提高，似乎印證了經濟學自由貿易的理論。

日本與中國未來的關係有四個面向值得關注。

如下頁表所示，主要是企業應在哪裡製造產品，在哪裡進行銷售，根據這樣的標準進行分類。當然，這種分類也適用中國以外的國家，但在此簡化問題，只探討兩國之關係。

四種關係之中，A型是只在日本生產、在日本販賣的企業，D型是在中國生產、在中國銷售的企業。

受到中國企業威脅的領域

面臨危機的日本企業，主要是A型企業。因為中國企業與C型企業不斷把低價產品送進日本市場，纖維業與日常雜貨用品是最明顯例子。

模組產業也是。近來消費趨勢的發展是，要求產品個性化，為了做出形狀特殊的產品，需要各式各樣的模組與模具。長期以來模組與模具產業正是日本製造業輝煌發展背後重要支柱。

但工廠不斷移到國外，日本先進的開模與鑄模技術也隨之外流。今天，中國生產的模組與模具，總產值已達日本一半，因此有人擔心，日本產業的基礎——金屬模產業可能被中國超越。

日本化學工業主要銷售對象是日本市場，大部分屬於A型。A型企業產品如果和廉價進口品相同，就很容易陷入經營困境，唯有用更高技術，做出別人無法模仿的產品，提供客戶更好服務，才能繼續生存。

B型是產品在日本製造而賣給中國的公司。四種類型之中，這部分目前表現比較亮麗。B型企業主要是工

中日兩國的企業關係分類

		市場	
		日本	中國
生產據點	日本	A型	B型
	中國	C型	D型

作機械與零組件，這幾年隨著中國經濟快速成長，日本這類企業都有不錯表現。另外，中國個人消費能力提高，買得起高級品，相關日本廠商也有利可圖。

B型企業的生存前提同樣是高超技術能力，否則就得遭遇中國企業與D型企業嚴厲競爭。

就日本出口而言，正因為B型企業賺進大量外匯，才有錢支付龐大進口能源與糧食價金。

對中國製造業有所期待的領域

C型企業最重要日本代表企業是UNIQLO，目前日本許多日常用品供應商，都已採取類似經營模式。

也就是，企業放棄在日本生產，改到中國設廠或向中國廠商購買。家電產品業界也有同樣做法。畢竟占生產成本過半的零組件，在中國生產遠比日本便宜。

D型也是值得期待的業種。搶搭中國巨大市場列車的最好方法是當地生產、當地行銷，機車與汽車產業是最主要例子。

另外，像萬寶至馬達與美蓓亞（中國廠牌名）這種在中國設廠而把產品賣到全世界的日本企業，可說屬於C型也可以說屬於D型。

由此看來，中國工業製造能力抬頭，帶給日本廠商威脅，最主要在於A型企業。A型企業進行技術提升，乃當務之急。

至於日本市場雖然有人說已經「成熟」，但這多達一億二千萬的高所得人口，對於精緻服務內涵的產品仍有很大胃納空間。A型企業必須加強的，正是精緻化與服務提升。

12-3 建立維護環境與安全的品質標準

建立優質、讓消費者安心的工廠，必須重視ＩＳＯ與ＨＡＣＣＰ。

環境相關國際標準

日本數位相機國際大廠佳能集團內部有所謂的「環境憲章」，他們在常見的ＱＣＤ之前加上環境（Environment）「Ｅ」，變成ＥＱＣＤ。以下是ＥＱＣＤ思想的內涵。

E 若不能保護環境，企業就沒有進行工業製造的資格。

Q 沒有好的品質，就沒有販賣產品的資格。

C・D 不能降低成本、準時交貨，就沒有與其他企業競爭的資格。

另外，佳能在採購原物料或物品時，都會要求供貨商符合某些綠色標準，否則拒絕採用該公司的產品。

類似佳能這樣有環保責任感的日本企業愈來愈多。與環保關係最密切的國際標準是ＩＳＯ１４０００系列認證。所以，目前許多地方政府與民間進行招標，都會要求參與投標的廠商取得ＩＳＯ１４００１認證。

ＩＳＯ１４００１認證最重視的內容是，企業經營必須將環保納為重要一環。唯有企業經營者認真處理環保問題，才能通過認證。

製造業對環境造成負荷其實比想像中大。過去日本曾有大型鋼鐵廠煙囪整天冒煙，附近城鎮倍受公害之苦，至今該城鎮的「市歌」仍強調，市民不願再忍受「七彩煙霧」。

畢竟企業這種組織成立目的在於促進社會與民眾福祉，如果反而危害環境，就失去存在價值。因此，就像佳能公司環保憲章所述，「若不能保護環境，企業就沒有進行工業製造的資格」。

另外，豐田汽車也設定「綠色工廠」標竿，希望達成「零排放」（不產生廢棄物，淨化排水與排氣）、省資源、省能源、環境管理（ＩＳＯ１４００１認證）、增進舒適生活空間（綠色活動等）四個目標。

工廠與製造業要持續生存，得獲得民眾認同才行。因此，重視環保的生產活動，未來將會更加重要。

維護安全食品衛生的ＨＡＣＣＰ

農產品農藥殘留問題以及食品業爆發的各種醜聞與意外，都讓消費者非常不安。值得信賴的公司，即使產品價格比較昂貴，還是會獲得消費者

ISO與HACCP認證的意義

青睞。換言之，消費者喜歡的，是能讓他們信賴、安心的公司與產品。

在此潮流之下，便產生HACCP這種食品衛生管理標準（參照第10章第6節）。歐洲方面早就規定，所有輸往歐洲的食品，工廠都必須通過HACCP認證。日本水產加工品曾因為沒有HACCP認證被退貨，引起騷動。

HACCP認證的重點不是產品出貨時進行檢查，而是強調製造過程必須符合標準，且監控過程中都會留下記錄、持續追蹤。

據了解，有些食品企業內部的工廠有「兩套標準」。

一種是產品專門輸往歐洲、通過HACCP認證的工廠，內部像手術室那樣乾淨，員工出入管制嚴格，作業過程中重視衛生。

另一種工廠生產內銷用食品，古老木造的工廠門窗打開，機具黑漆漆、非常骯髒。這類工廠生產的食品可以內銷，可見國內食品產業界衛生安全水準有待提升。

總之，製造業想永續經營，製造過程就必須關心環保問題與安全衛生，才能做出讓消費者信賴的產品。

12-4 未來工廠所將扮演的角色

工廠將更重視知識化與軟體化。

工廠的形式

早期電腦生產線拉得非常長，零組件多達數萬種，加上配線複雜，調貨與組裝過程中得注意不可有任何零組件不良、接觸不良或配線錯誤反覆測試才能出貨。結果，從開始組裝到出貨有的需要一個月。

後來，一些廠商例如戴爾電腦實施改革，利用網路接受客戶下單，能在接單四天內從中國的工廠出貨給客戶。因為組裝只需數分鐘即可完成，生產線不再需大量人力。

一九二二年，法國科學家提出「向列液晶」等特殊物質的論文，引起相當大矚目，許多人立刻進行追加實驗，這就是今天熱門的「液晶」。不過，當時科學界還很難想像，液晶材料通電的變化，可用來當作顯示器。

卻不料今天全球從事液晶製造的企業與員工已多不勝數。

可見製造業與工廠的興衰存亡，變化速度非常快。

製造業的軟體化

那麼，未來製造業還有哪些變化可能性？

首先是軟體化取代硬體，也就是第三次產業化潮流。產品生命週期縮短，零組件數目降低，就競爭力而言，產品設計優劣比組裝技術更關鍵。

而且，設計工作有愈來愈重視軟體面的趨勢，甚至有人認為「製造現場，不過是把設計內容複製成產品的『印刷機』而已」。

就連工廠也愈來愈重視軟體化，變成帶有服務色彩的產業。比如，模具設計過程中加入更多軟體概念，自動工作機變成只是把軟體概念「印刷」成為金屬模而已。換言之，模具製造廠的工作重點已經從金屬模切削移轉到設計。

製造業的服務產業化

未來工廠的角色與定位，將更往消費端走。而且，預估生產（存貨式生產）的方式會漸漸改成接單生產。換言之，在SCM潮流之下，製造業必須與客戶更密切互動，加強客製化的能力，提供客戶更好服務。

工廠生產技術與企業緊密結合的軟體化

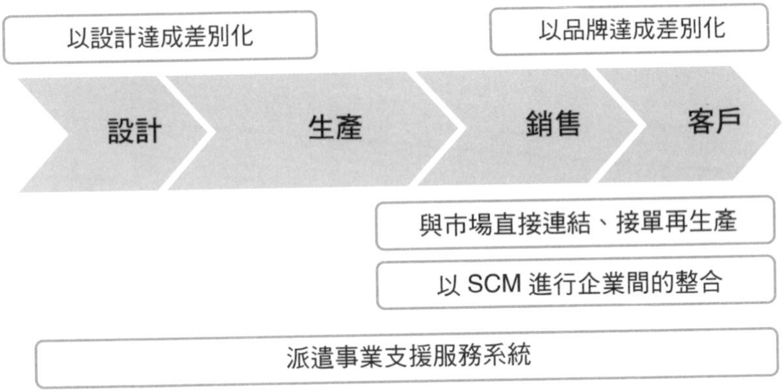

因此，製造業將持續分化出許多專門的服務業。有人認為，第三次產業會出現一些具有高附加價值的服務業。這也是製造業未來發展方向，美國在這方面工作的人口會超過二〇〇萬人。就人口比而言，日本相關就業人口可能達到一〇〇萬人，同樣是非常大的數字。

此外，製造業將更加重視品牌化。最好的例子是一九八〇年代泡沫經濟破滅後，日本連續十幾年經濟不景氣，但銀座的高級品牌商店仍生意興隆。

認同品牌價值高於產品QCD的人愈來愈多。所以，製造業想用產品滿足消費者，最好還是建立品牌，增加產品價值感。

就生產架構而言，未來製造業將成為企業網路的環節，所以，SCM的目標在於，讓不同企業像公司內部部門那樣密切合作。

如此發展趨勢之下，製造業必須有因應能力。其中最重要的是提高管理技術，加強資訊應用。也就是，製造業必須往知識化、軟體化的方向前進。

12-5 未來工廠所需的技術開發

唯有不斷開發新技術，工廠未來才有生存空間。

製造業與技術

製造產品當然需要技術。工廠就是技術累積與傳承的場所。製造業新技術的產生，則扮演讓民眾生活更便利、舒適的重要角色。

工廠要有競爭力，最重要就是擁有別人所沒有的「製造特技」。反之，只會生產別人也做得出來產品的工廠，就會面臨嚴厲價格競爭。

近年部分製造業陷入苦戰，主要就是因為中國與亞洲各國也都能製造相同產品。許多日本企業因此反省，不應一味地進行技術轉移。

從前義大利威尼斯盛行玻璃工業，為了保護製造祕密，將玻璃工人關在姆拉諾島上。但最後玻璃製造技術還是流出去，主要原因是其他國家不斷開發技術。

就技術開發而言，需要長期累積與高度資本。研發工作是先進國家不可或缺的部分。就日本而言，機器人、醫療機器、生物科技方面都著墨甚深。

創造技術的環境

劃時代技術的產生，必須要有紮實基礎研究。必須發現新的現象與理論，才能開拓新的技術。若要在這方面發揮，憑日本傳統擅長的創意工夫與工匠精神，不易達成。所以，日本也開始進行大學改革，加強大學與企業合作，希望增加基礎研究產品化的機會。

另外，先進國家規格品大量生產大量消費的時代已經結束，未來客製化、高品質的市場才是市場所需。對於製造業而言，若要以更低成本完成產品多樣化與個別設計，管理技術上必須大幅提升，這也是未來努力的方向。

製造業做成產品之前需要各式各樣的零組件，日本這方面在世界上占有舉足輕重地位。擁有獨門製造業技術的日本，堪稱是中世紀威尼斯翻版。缺乏天然資源的這個國家，相信還是能靠「人工資源」立足天下。

製造業必須看到未來

以下文字是一百年前某報紙上寫的「幻想報導」。「遠距離的相片數十年後位於東京的報社，新聞記者

1200位科學家與技術專家對於二十一世紀的科技預測（日本科學技術政策研究所報告）

領域	內容舉例
基因科技	身上只有很少疾病基因的人類，人工生命體
腦科學	可進行直接記憶與創造活動的電腦
醫療	再生醫療、長壽化、微機器人醫療、機器人義肢
糧食問題	以安全的基因科技解決糧食問題、人工光合作用
回收循環型社會、經濟	運用生物科技與奈米科技進行消費物質的完全循環回收
能源	太陽能發電為主。建立全世界電力網，日夜互補。能蓄熱
人類生活圈	建立宇宙都市、工業生產全部地下化，維持生物多樣性
二十世紀負面資產的處理	回收固定CO_2、除去地雷障礙、修護臭氧層、讓沙漠等不毛地帶綠化、淨化受污染的生物
溝通	腦與腦直接交換訊息。立體影像、自動翻譯、發展世界語言
政治	電腦化的民主主義
交通與旅行	不使用石化燃料的交通工具，可進行宇宙與深海旅行。
安全、安心	能預知地震、防止犯罪與人為犯錯，進行安全運輸

在編輯室就可透過電力等方法，同步看到歐洲戰雲密布的狀況。這些照片還能用天然彩色顯現」。

一百年後在製造業努力之下，這項夢想已經實現。事實上一直到一九九〇年代為止，行動電話、網路、數位相機與保特瓶飲料，都還沒有進入一般人的家庭。就連銀行提款機與家庭免治馬桶、辦公室便利貼，也尚未普及。

幾十年來，製造業發展非常快速，創造許多新的附加價值，大幅改變我們的生活。

雖然有人認為市場已經成熟，但消費者的需求不可能已經全部滿足，醫療、社會福利、健康、教育、環境、娛樂、食品等領域方面，日本仍有相當大的消費潛力。根據二〇〇一年有關單位進行的「未來一百年的預測」，醫療、環境、能源與食品原料生產領域，預估還會有很大的生產空間。

「先進的腦科學研究讓我們不必用功也能獲得知識」、「再生醫療一般化」、「基因科技終於解決糧食問題」、「太陽能發電擺脫對石化燃料的依賴」、「陸上交通不再需要石化原料」、「不同國家的人語言可以互通」、「人類和機器人共生共榮」、「人類有能力建立宇宙基地、前往宇宙旅行」、「創造人工生命」等等，都是科學家未來想實現的。

也許一百年之後，傳統製造業即將在這些領域一展長才。

本書各章節執筆者簡介

松林　光男

日本瓦克企業顧問股份公司董事長，知名企業管理顧問。早稻田大學理工學部畢業後，曾任職日本 IBM 公司，從事生產管理系統、技術管理系統建構工作，與生產管理業務、CIM 企劃、營業支援與企業診斷。也曾擔任SAP・Japan股份有限公司生產管理企業診斷總監、產業解決方案總監。參與成立「日本商業再造股份公司」，負責 ERP 與 SCM 企業診斷業務，擔任常務董事。二〇〇三年一月設立瓦克企業顧問公司，從事 ERP/SCM 領域的企業診斷工作。現兼任東邦學園大學經營學部教授。

專門領域：SCM、業務改革、情報系統建構、ERP/SCP、工廠管理、生產管理

網址　matsubayashiaku-con.com

本書執筆頁　第 4 章、第 5 章

渡部　弘

日本瓦克企業顧問股份公司董事，知名企業管理顧問。九州大學理學部化學系碩士。曾任職日本IBM，從事系統部門與生產部門工作，參與藤澤工廠CIM建構與自動化工程。並企劃引進 ER P。擔任事業部 CIO，在 SAP ・ Japan 股份公司擔任 CIO，負責研修事業。在「日本商業再造股份公司」擔任廠商顧問，又在布萊思活水顧問股份公司擔任CIO，並參與成立瓦克企業顧問股份公司。

專門領域：SCM、業務改革、情報系統建構、ERP/SCP、生產技術、生產管理

網址　watabeaku-con.com

本書執筆頁　第 1 章、第 3 章、第 12 章

新堀　克美

日本產業解決方案與顧問股份公司董事長。瓦克企業顧問股份公司執行董事、監督顧問。東京都立大學理工學部畢業。曾任職日本IBM工廠情報系統部門，負責適用業務開發維修，網路伺服運用管理與情報系統企劃等工作。擔任 HDD 開發部門 CIO，整合 AP-North。HDD 部門併入日立製作所之後，擔任兩家公司的系統整合顧問。擔任東京電機大學理工學部講師，主講情報系統設計、資料通訊網路相關課程。

專門領域：SCM、業務改革、情報系統建構、ERP/SCP、生產管理

網址　niihoriaku-con.com

本書執筆頁　第 7 章、第 8 章、第 11 章

篠原　忠晴

日本瓦克企業顧問股份公司執行董事、監督顧問。早稻田大學理工學部畢業，曾任職小松電子，從事生產管理、成本管理、情報系統與工廠管理部門工作。參與許多公司的業務改革、情報系統建構計劃。根據小松電子公司內部留學制度，前往早稻田大學系統研究所就讀，受教於吉谷教授與中根教授，進行工作設計與工作流程安排的研究。

專門領域：SCM、業務改革、情報系統建構、ERP、工廠管理、生產管理

網址　shinoharaaku-con.com

本書執筆頁　第 9 章、第 10 章

小林　成行

馬克思利・日本股份公司董事長。瓦克企業顧問股份公司監督顧問。早稻田大學理工學部畢業。曾任職大型家電廠商，從事半導體開發與製造裝置等生產技術開發工作。也曾任職大型顧問公司，從事產品開發、生產系統開發等多面向領域的經營顧問工作。

專門領域：SCM、業務改革、商品企劃、產品削減成本、開發設計管理

網址　kobayashiaku-con.com

本書執筆頁　第 2 章、第 6 章

太田原　準

日本東邦學園大學經營部專任講師。京都大學研究所經濟學研究科博士後課程修了、經濟學博士（京都大學）。曾任龍谷大學、立命館大學兼任講師。

專門領域：經營史、經營管理

網址　otaharaagoya-toho.ac.jp

本書執筆頁　第 2 章

太佐　薫

日本瓦克企業顧問股份公司合夥顧問。早稻田大學理工研究科修了。曾任職日本 IBM，從事 LCD 顯示器品質保證與品質管理工作。後來擔任醫療機器廠商的六項標準差、黑帶顧問，負責公司經營與六項標準差有關部分的顧問工作，推動 BPR 相關業務改革計劃。

專門領域：業務改革、品質管理、六項標準差、需求預測、統計分析

網址　taisaaku-con.com

本書執筆頁　第 10 章

國家圖書館出版品預行編目（CIP）資料

圖解工廠構造與管理【全新修訂版】／松林光男，
渡部弘作；蕭志強譯．
-- 修訂一版．-- 新北市新店區：世茂, 2019.06
面；　公分．--（科學視界；232）

ISBN 978-957-8799-81-3（平裝）

1. 工廠　2. 工廠管理

555.5　　108006641

科學視界 232

圖解工廠構造與管理【全新修訂版】

作　　者／松林光男、渡部弘
審 定 者／林彥旭
譯　　者／蕭志強
主　　編／簡玉芬
責任編輯／陳文君
封面設計／辰皓國際出版製作有限公司
出 版 者／世茂出版有限公司
地　　址／（231）新北市新店區民生路 19 號 5 樓
電　　話／（02）2218-3277
傳　　真／（02）2218-3239（訂書專線）
（02）2218-7539
劃撥帳號／ 19911841
戶　　名／世茂出版有限公司
世茂網站／ www.coolbooks.com.tw
排版製版／辰皓國際出版製作有限公司
印　　刷／傳興印刷股份有限公司
初版一刷／ 2019 年 6 月
二刷／ 2020 年 6 月

ＩＳＢＮ／ 978-957-8799-81-3
定　　價／ 300 元

ILLUST ZUKAI KOUJOU NO SHIKUMI